ココミル
cocomiru

U0076776

福岡

柳川 門司港懷舊區

創造一次美好的旅遊回憶♪

嶄新與懷舊氣息洋溢的
美食城福岡

上：AMU PLAZA博多5樓「エスプレッサメンテ　イリー」（P69）
左下起「燕林廣場」的結緣七福童子（P45）／JR博多城的休息區（P45）／Bshop（P69）

CANAL CITYHAKATA 2014©FUKUOKAJISHO

福岡是面對玄界灘的九州第一大城市，
網羅了美食、購物、娛樂於一身，
既熱鬧又充滿活力。
逛完商圈滿足購物欲後，
還能欣賞大海美景享受度假氣氛…
如此玩樂方式正是福岡的魅力所在。

上：博多運河城（P54）／櫛田神社（P59）左下起CAFÉ JACQUES MONOD（P77）／東長寺（P58）／IMS（P81）

夜幕落下，
華燈初起，
博多的夜晚更顯燦爛。

天晴的日子
可在港灣區
悠閒地
度過時光。

懷舊氣息濃厚的港都門司港與
刻劃古老歷史的大宰府等，
都蘊藏著豐富的傳統文化。

擁有垂柳與海鼠壁白牆的
城下町柳川，
至今仍然緬懷著
詩人北原白秋的詩歌。

福岡是什麼樣的地方？

可大啖美食與享受購物樂
九州最熱鬧的都會區

位在九州東北部的福岡是九州最著名的商業城市。最熱鬧的「博多站」地區與「天神」地區現代化的商業設施和辦公大樓林立，到處都是走在流行尖端的商店及美食餐廳。這兒饒富人情味，對觀光客很熱忱。

福岡市區緊鄰大海

什麼季節最美？

春天～夏天舉辦祭典的
季節最值得推薦

博多最熱鬧的時期是於黃金週舉辦的「博多咚打鼓海港節」，以及7月告知夏季到來的「博多祇園山笠」（☞P50）舉辦期間。尤其是非常有人氣的「博多祇園山笠」，充滿震撼力的祭典活動總是在每年吸引了大量觀光客前來。除此之外，值得推薦的還有冬天美味的內臟鍋及水炊鍋等火鍋料理。

一年一度讓博多人全心投入
的博多祇園山笠

唐津九日節的巨大
5號曳山「鯛魚」（☞P130）

造訪福岡前的
必備旅遊知識

獲取美食與鬧區的能量！
福岡是一處賦予旅客活力的城市。
若想玩得盡興，事前就得掌握各種實用資訊！

該怎麼去？

從台灣搭飛機約3小時。最大魅力是機場距離市中心很近

從台灣搭飛機前往福岡約3小時，班次密集，每日有4班從桃園機場出發。福岡市營地下鐵直通機場，到JR博多站只需5分鐘，天神站也只需11分鐘便可抵達。除此之外，搭乘JR東海道‧山陽新幹線的東京～博多間約需5小時（如搭乘のぞみ號）。

福岡機場與JR博多站間搭乘地下鐵只需5分鐘，交通非常便利！

該如何安排旅遊日數？

只逛市區1天也足夠，如能安排2天就可到郊外走走

如果只想在福岡市品嘗美食與逛街購物，那麼安排1天也無妨。但如果能再多住1晚，就可將行程延伸到太宰府（☞P116～）、柳川（☞P120～）、門司港懷舊區（☞P124）等郊區，體驗一下與福岡市截然不同的旅遊樂趣。

到柳川可優閒地搭遊船觀光（☞P120）

博多的地標「JR博多站」（☞P44）

第一次造訪福岡，該怎麼玩？

藉由逛街與購物，感受亞洲的熱情

福岡市區的三大鬧區分別是JR博多城（☞P44）、博多運河城（☞P54）及天神（☞P70）。獨具個性的咖啡廳與雜貨多集中在大名、藥院地區（☞P80）。中洲、川端周邊（☞P58）還保有博多的古早味氣息。整個市區不大，交通上可善用地下鐵和巴士。

博多運河城的噴水秀（☞P54）

享受血拼樂趣「B‧B‧B POTTERS」（☞P90）

如何深入體驗福岡？

鼓起勇氣掀起屋台門簾

伴隨著日落而開始營業的屋台（☞P16）總是坐滿結束工作的上班族及年輕女性熱鬧不已。天神、中洲、長濱地區一共聚集了約170間屋台，這可是只有在福岡才能見到的景象。只要鼓起勇氣掀開門簾進入屋台，便能感受美味料理以及博多的濃濃人情味，就來和當地人開心交流吧。

酒吧風的屋台
（☞P18）

也有販賣多國籍與法式料理等不同風味菜色的屋台（☞P16）

博多一整年都很人氣的內臟鍋。每間店家都各有特色（☞P26）

博多最具代表性之一的博多拉麵。能吃下幾碗呢？
（☞P22）

想大啖美食！

絕不錯過著名美食
挑戰大胃王極限

提到福岡就是美食！不但有博多拉麵（☞P22），也有內臟鍋（☞P26）、水炊鍋（☞P28）等鍋類料理，還有從玄界灘大海中捕獲的鮮魚（☞P24）以及各種生鮮壽司（☞P36），每種都讓人食指大動！其實很多人都不知道博多還是烏龍麵（☞P38）的發源地，沒有時間的時候來碗烏龍麵最方便了。

最自豪的是便宜又新鮮的食材
（☞P34）

福岡市區＋多1天的旅遊規劃

漫步在具歷史及懷舊氣息的港都 親近豐富的大自然

北九州的門司港懷舊區（☞P124）還保留不少古典建築物，懷舊西餐等美食也充滿吸引力。夜晚的點燈很漂亮。對陶藝有興趣的人則可前往陶器小鎮唐津（☞P130），無論是去參觀唐津燒的燒窯場或者品嘗美味海鮮，都能度過既愉快又優閒的1日遊。

保有從前國際貿易港風貌的「舊門司稅關」
（☞P125）

走在學問之神的太宰府天滿宮（☞P116）的參道也充滿樂趣

伴手禮要選什麼好？

除了經典美食外， 這些名產也千萬不能錯過！

博多拉麵與辣味明太子（☞P104）是博多最著名的伴手禮。機場和博多站有各種品牌與著名餐廳的商品，可去找看看。另外在百貨公司（☞P72）、JR博多城（☞P44）等處也有許多廣受當地人喜愛的名產，限定商品種類不少。

隨季節變換顏色的太宰府御神籤

機場、博多站、百貨公司等地都買得到各式各樣的伴手禮拉麵

哪間飯店好？

可依照旅遊目的 選擇市中心或郊區的飯店

想要體驗鬧區樂趣，可選擇下榻博多站或天神一帶。欲到太宰府或柳川的人則住在西鐵福岡（天神）站附近的飯店交通較為方便。想要悠閒地享受度假氣氛的話，推薦福岡港灣區（☞P94）。想不想在面向大海的奢華度假飯店度過優雅的一晚呢？

也有附溫泉的飯店「天然溫泉 袖湊の湯ドーミーインPREMIUM博多・キャナルシティ前」（☞P112）

從「福岡海鷹希爾頓飯店」海景浴室眺望出去的美景
（☞P111）

10:00 博多站出發 出發～! **10:30**

午餐品嘗福岡當季鮮魚! **13:00**

14:00 博多運河城

JR博多站的車站大樓「JR博多城」（☞P44）有許多吸引人的景點。

JR博多城（☞P44）樓頂的「燕林廣場」（☞P45）可俯瞰博多街景。

在JR博多城9・10樓的餐飲區「Kuten」（☞P48）享用午餐!

從博多站搭乘100日圓巴士（☞P42）或者步行前往博多運河城（☞P54）。

14:30

受當地人愛戴，被暱稱為"御櫛田桑"
15:00 櫛田神社 **15:30**

恰到好處的甜度令人停不下來!
16:30

到位在博多運河城內的「東大樓」（☞P55）逛街!

「櫛田神社」（☞P59）是博多的總鎮守。可參觀博多祇園山笠的「飾山」。

前往「博多町家」故鄉館（☞P58）。可了解博多的歷史。傳統工藝品也是參觀重點!

休息一下，來碗「中洲ぜんざい」（☞P59）的招牌善哉紅豆湯。夏天的剉冰也很有人氣!

17:00 博多川端商店街 **18:30 天神**

19:00
最後壓軸是強棒麵!

☪ 晚安…
21:00

到洋溢著博多懷舊氣息的「博多川端商店街」（☞P59）逛街。

從地下鐵中洲川端站搭車只需1站便可抵達天神站。先至飯店報到後再去吃晚餐。

第1天的晚餐是道地的內臟鍋（☞P26）。好好品嘗滿滿蔬菜的健康鍋吧。

一定要去屋台（☞P16）體驗一下博多的夜生活。能與當地人交流也很開心!

有效率地安排快樂的
3天2夜福岡之旅

好吃的美食、溫暖的人情味、近在眼前的大自然…。
無論何時造訪福岡，它都是一個充滿熱情又有活力的城市。
不算大的市區逛起街來很方便，也是最具吸引力之處。

第2天

 早安!

8:20 天神站出發

在西鐵天神大牟田線，太宰府站的太宰府站下車。前往學問之神的太宰府天滿宮。

9:00 太宰府天滿宮

前往太宰府天滿宮（☞P116）參拜。裡頭有許多值得參觀的地方。

9:20 熱騰騰現烤出爐!

太宰府不能錯過的美食是梅枝餅（☞P118）。參道上有許多販賣的商店。

9:40 九州國立博物館

與天滿宮之間以隧道相通，主要展示日本與亞洲交流歷史的博物館。（☞P117）

13:00 柳川 甜甜的醬汁帶出好味道

從太宰府前往柳川。午餐可享用柳川名產「蒸籠鰻魚飯」（☞P122）。

13:40 遊船

搭乘遊船（☞P120）悠哉地欣賞水鄉大自然景色。

**北原白秋
15:00 故居・紀念館**

以詩歌和童謠廣為人知的北原白秋出身於柳川，可參觀其故居・紀念館（☞P121）

**柳川藩主
16:00 立花宅邸 御花**

柳川藩主立花家的宅邸（☞P121）。宅邸內的美麗庭園「松濤園」很值得參觀。

16:50

可在紅茶店「River Flow」（☞P121）歇歇腳，品嘗紅茶的同時欣賞遊船景色。

18:30 天神

回到天神用餐。好好享用一頓使用博多新鮮海產的美味料理（☞P34）

20:00 中洲 乾杯!乾杯!

前往霓虹燈奪目的鬧街中洲。可到觀光客也能安心品酒的酒吧（☞P64）

21:00

想要享受夜生活就得再去繼續喝酒。在沿著那珂川的酒吧微醺眺望夜景吧!

既然已千里迢迢來到這兒

第3天要不要稍微走遠一些呢？

想要享受海風吹拂可到福岡港灣區

港灣區（☞P96），以位於海之中道～志賀島（☞P98），由東到西望放去是一大片吸引人的度假勝地，即便身處大都會也能享有度假氣息。

想沉浸在懷舊港都就到門司港

門司港（☞P124）是在明治初期便以國際貿易據點而繁榮的港都，因充滿懷舊氣氛而得稱，仍保留許多可看出當年繁華的建築。

叩叩日本
cocomiru ココミル

福岡
柳川・門司港懷舊區

Contents

頂尖B級美食！

屋台美食
☞P16

博多美食NO.1

博多拉麵
☞P22

健康超人氣！

內臟鍋
☞P26

博多的傳統料理！

水炊鍋
☞P28

一口一個！

煎餃
☞P30

種類豐富！

串燒
☞P32

來自大海的鮮魚！

玄界灘的海鮮
☞P34

以新鮮取勝！

壽司
☞P36

發源自博多的美食！

烏龍麵
☞P38

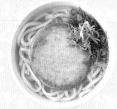

拉麵、水炊鍋etc.美食大集合
先來去大啖在地美味料理吧

美食之都——福岡到處都有好吃的東西。
遇到非吃不可的餐廳就鼓起勇氣進去吧。
滿足味覺的同時，也能感受當地人的熱情活力。

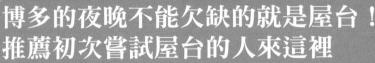

博多的夜晚不能欠缺的就是屋台！
推薦初次嘗試屋台的人來這裡

隨著日落西沉、華燈初上之際開始營業的屋台菜色非常多樣。在此介紹一些第一次前來也能安心享用，且在當地很有人氣的屋台，來到這兒必能親身感受熱情的活力。

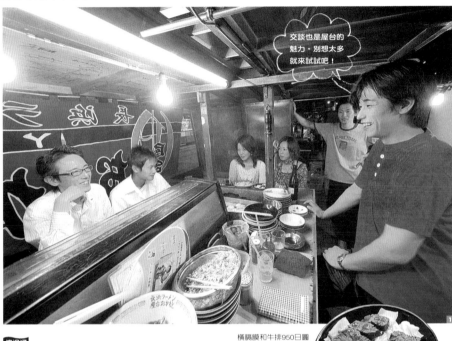

> 交談也是屋台的魅力。別想太多就來試試吧！

橫膈膜和牛排950日圓

渡邊通
おかもと

おかもと

許多名人也是常客
菜色豐富的人氣屋台

使用豬頭骨與豬背骨，花上約10小時不斷熬煮出來的100%豚骨拉麵550日圓、麻婆豆腐700日圓、長崎香燴脆麵650日圓等。老闆是學中國料理出身的。豐富的菜色約有50種，在別處喝完酒可以來此續攤吃點宵夜做收尾，也可以來吃晚餐。外帶拉麵5人份1600日圓，可當伴手禮。中洲另有分店（☎092-263 0566）。

☎090-3798-7347 住福岡市中央区渡辺通4 營19時～凌晨3時 休天候不佳時 P無 地下鐵七隈線渡邊通站步行2分 MAP附錄P10E3

1 能與其他客人及老闆聊天也很開心
2 有5種辣味可選擇的激辛強棒麵750日圓，使用的是拉麵湯頭 **3** 串燒有10種，1串150日圓～

╲ 加碼推薦 ╱

★預算★
炒飯600日圓
炒拉麵750日圓
黑胡椒番茄炒蛋700日圓

可在實體店面吃到傳奇屋台「一竜」的美食

博多屋台有不少後來從屋台轉為實體店面經營的例子，如春吉橋附近的人氣屋台「一竜」，現已改為「元祖 中洲屋台ラーメン 一竜 匠」繼續營業。博多拉麵650日圓、一竜拉麵800日圓都很有人氣。

☎092-724-6668 MAP 附錄P10F1

天神
あほたれ～の
あほたれ～の

多種風情的多國籍料理深具魅力

最著名的料理是墨西哥捲餅650日圓，是向以前墨西哥籍員工學來的道地口味。已營業40年的老闆可做出各式各樣只在此吃得到的料理。

☎090-1978-5307 住福岡市中央区天神1 ⏰19時～凌晨4時 休不定休 P無 交地下鐵七隈線天神南站步行即到 MAP 附錄P8D4

1 墨西哥捲餅可以外帶
2 位在大丸福岡天神店前

加了韓國泡菜和納豆的元八郎蓋飯650日圓

週六限定的自製大可樂餅250日圓

加碼推薦
★ 預算 ★
內臟鍋950日圓
蕃茄起司燒700日圓
蒜味炒飯750日圓

將牛筋長時間燉煮做成的土手燒580日圓

1 有許多福岡料理
2 位在福岡蒙特利拉蘇瑞酒店前

牛與豬腸一起炒的鹽炒大腸580日圓

天神
こきんちゃん
小金ちゃん

要有排隊的心理準備！炒拉麵始祖

研發出炒拉麵700日圓並成為當家美食的屋台。這是一道將細麵用調味醬炒過後，再淋上土手燒醬汁而成的濃厚口味料理。

☎090-3072-4304 住福岡市中央区天神2 ⏰18時30分～凌晨1時LO（週五、六～凌晨1時30分LO）休週四日、週天候不佳時（週一逢假日則週日營業）P無 交地下鐵機場線天神站步行5分 MAP 附錄P9B3

加碼推薦
★ 預算 ★
牛排850日圓
明太子蒟蒻500日圓
明太子玉子燒680日圓

天神
よさく
与作

最基本的博多屋台，適合第一次前來的人

有鐵板燒、關東煮、串燒等多種基本菜色的屋台。爽口的拉麵500日圓，湯頭是用豬腿骨與豬皮熬煮出來的。

☎090-6631-9756 住福岡市中央区天神2 ⏰18時～午前1時30分 休不定休 P無 交地下鐵機場線天神站步行5分 MAP 附錄P9B3

加了高麗菜和豆芽菜的豚平燒450日圓

1 讓人吃了還想再來的味道
2 位在親富孝通附近

很多客人點來收尾的高菜炒飯500日圓

加碼推薦
★ 預算 ★
山芋青蔥燒450日圓
燉牛肉550日圓
內臟鍋750日圓

「おかもと」和「小金ちゃん」是知名藝人也愛造訪的屋台，有些藝人在演唱會的慶功宴結束後會來這兒續攤。

來去品嘗屋台續攤
絕不可錯過的著名料理！

九州最熱鬧的福岡・中洲附近有許多具特色的屋台。
酒吧、西式料理、餃子等專門屋台也不少，每攤都去瞧瞧吧！

在風情味十足的屋台暢飲道地調酒

1 Newton（右）、Green Tea Fizz（左）各800日圓 2 鮪魚排1000日圓～最適合當下酒菜 3 卡門貝爾起司之橘醬燒800日圓

播放著爵士樂的屋台

★ 加碼推薦 ★
★ 預算 ★
調酒800日圓～
油漬沙丁魚800日圓
鯨魚南蠻燒1200日圓～

川端

やたいばー えびちゃん

屋台BAR えびちゃん

福岡屋台唯一的專業酒吧攤☆

擁有調酒師50年資歷的老闆海老名昭夫與兒子一起揮舞搖酒器的屋台。最大特色是擁有其他屋台所沒有的時尚氣氛。22時前都可品嘗由昭夫老闆純熟技巧下調出來的100種以上調酒。20時前基本調酒1杯540日圓。另有多種不含酒精的調酒。

☎090-3735-4939 住福岡市博多区上川端町7 ¥最低消費400日圓（贈小菜）營19時～凌晨2時 休週日、連假最後一日、遇天候不佳時 P無 交地下鐵機場線中洲川端站步行5分 MAP附錄P7B2

春吉

たけちゃん

武ちゃん

點餐後才開始包餡的現做煎餃很受歡迎

招牌菜煎餃500日圓（8個），是由博多名產・一口煎餃的始祖中洲「宝雲亭」所調製的。多汁味美是很受歡迎的招牌料理。

☎090-8628-9983 住福岡市中央区春吉3 營19時～凌晨1時30分LO 休週日、假日（逢連假則連假最後一日休）、遇天候不佳時 P無 交地下鐵機場線中洲川端站步行10分 MAP附錄P7A3

位在那珂川上的春吉橋旁

★ 加碼推薦 ★
★ 預算 ★
炸大雞翅2支600日圓
大腸900日圓
鹽燒豬腹肉700日圓

1 可只點煎餃1人份（8個）／2人份（16個）※照片為1.5人份 2 豬肝韭菜炒蛋900日圓 3 土手鍋500日圓

想要多逛幾攤
屋台的人
可購買兌換券

「屋台兌換券（屋台きっぷ）」1組2張1000日圓，可在12家贊助屋台使用。1張兌換券可點1杯飲料加一道推薦料理。
販賣處：福岡市觀光服務處（天神）
☎092-751-6904

福岡的美食 ● 屋台續攤絕不可錯過的著名料理

中洲
つかさ
司

氣氛有如小餐廳的高雅屋台

身穿和服的老闆娘‧西村美枝子親自招待客人，是一間氣氛穩重的屋台。辣味明太子炸天婦羅是博多才吃得到的菜色。每道料理都是上等口感。

☎090-1368-5875 住福岡市博多区中洲1 ⏰17～24時 休週三，遇天候不佳時 P無 交地下鐵機場線中洲川端站步行10分 MAP附錄P7A3

1 黑毛和牛牛舌1500日圓，牛舌與青蔥口感十分搭配 2 位在那珂川沿岸的屋台之一

辣味明太子炸天婦羅900日圓很適合當下酒菜！

豬五花肉、明太子捲等綜合串燒900日圓

加碼推薦
★ 預算 ★
炸天婦羅拼盤900日圓
和牛內臟炒味噌1200日圓
網燒土雞900日圓

1 著名的乾咖哩飯800日圓。有許多人專程來吃這道料理 2 獨家研發的創作料理很吸引人

辣味茄汁義大利麵850日圓，自製的辣醬很美味！

加碼推薦
★ 預算 ★
綜合披薩850日圓
鮮果調酒800日圓～

花2天時間燉煮後再烤過的軟嫩烤豬腳350日圓

渡邊通
どん！
DON!

嘗試辛辣的乾咖哩飯！

採餐廳酒吧風格的屋台，很受女性歡迎。最著名的乾咖哩飯是在辛辣的咖哩加上綿密的散蛋。另外也有關東煮、拉麵、披薩等，十分多樣化。

☎無 住福岡市中央区渡辺通4-6 ⏰18時30分～凌晨1時LO 休不定休 P無 交地下鐵七隈線渡邊通站步行2分 MAP附錄P10E2

川端
あや
あや

提供古早味的博多烏龍麵

創業於昭和38年（1963），由夫妻兩人合力經營的老屋台。口味豐富的烏龍麵350日圓～是用昆布和竹莢魚取湯頭做成的，溫和味道最適合喝完酒後享用。

☎090-3883-4819 住福岡市博多区上川端町7 ⏰18時30分～凌晨2時30分 休週日、假日、遇天候不佳時 P無 交地下鐵機場線中洲川端站步行5分 MAP附錄P7B2

以海鮮為主的7種炸天婦羅拼盤1400日圓

1 麵的種類是博多獨有的軟麵 2 位在櫛田神社旁的冷泉公園邊

加碼推薦
★ 預算 ★
炸蝦烏龍麵550日圓
土手燒500日圓
炸天婦羅50日圓～

600日圓的香腸
與啤酒很搭的香腸

明確標示出價格的屋台讓人感到安心又安全。萬一在屋台發生糾紛，可打電話至屋台110☎092-751-3490。

今晚要不要按圖索驥，
前往三大屋台地區探索美食呢？

博多的屋台可大致區分為「天神」、「中洲・川端」、「長濱」三大地區。
不妨沿路嚐嚐各區櫛次鱗比的攤販，一面感受遊逛的樂趣。

KENZO
とん吉

ゑびす

かじしか

風来桃庄

大腸
(長浜)

風来けん坊
中洲

ひょう

天下

のんきや・

須崎公園

市民会館前

香酥的一口煎餃
400日圓是最好
的下酒菜！

西中島橋

西中

俵ちゃん

大政

やっちゃん

小雞翅肉是免費
小菜！炒拉麵
600日圓

mina天神

福岡中央郵局

花屋台まみ
山の天神さん

P.23 博多らーめん
Shin-Shin

春駒

雲仙

小金ちゃん
P.17

たかちゃん

玄海

輪

忠助

満龍

福錦

福岡
日本銀行前

Asuka

福岡市赤煉瓦文化館

天神北

天神3

天神のりゅう太くん
お圭ちゃん ともちゃん
撫順

那珂川水
福博港都游
天神中央公園

旧福岡県
公会堂貴賓館

昭和通
舞鶴1

P.17 与作
鬼多郎重松店
対州軒
華

那須の大八
河ちゃん
三代目みっちゃん

八方

都

天神西

天神横ロ 白龍
新妻

天神站

舞

天神大和証券前

天

博多っ子
なんしょうと屋
まつや

地下鐵機場線

福岡PARCO

渡辺通

天神CORE

福岡市公所

SOLARIA STAGE

IMS

天神中央公園

NISHITETSU
GRAND HOTEL

明治通

往赤坂站

天 神

九州最繁華的地區，
交通便利。屋台約有60家，
總是擠滿結束工作後
的上班族。

岩田屋本店新館

VIORO

千代・
池田屋

永ちゃん

鬼多郎天神店

西鐵福岡
(天神)站

ことぶき屋

さつまや

なかちゃん

大丸福岡天神店

春吉

新鮮貝
みっち

一蘭 天神西通り店 P.23

SOLARIA PLAZA

天神1
天神南站

あぶはれ〜の

P.17

博多 一風堂
總本店 P.22

岩田屋本店本館

天神西通り

福岡三越

警固公園

安さん
味府
喜柳

渡辺通4

まるよし

姫ちゃん

天神南

這裡的豚骨拉麵55C
日圓和煎餃420日圓
絕不容錯過！

明太子菜色不容
錯過，如博多明
太子捲 600日圓

警固神社

宗

一定要試試爽
口的長濱拉麵
600日圓

しんきろう

屋台屋ぴょんきち

清ちゃん

西鐵天神大牟田線

國體道路

ちょうちん

P.19 DON！

なおちゃん
鬼多郎

BiVi福岡

こがちゃん

P.16 おかもと

天神南

往藥院站

往渡邊

福岡最著名的鬧區——天神地區的渡邊通上也都是一整排屋台

中洲・川端
那珂川沿岸的屋台林立，河面上輝映著奪目霓虹燈的景象已成為福岡的風景畫。許多在中洲喝完酒的人們會來這兒續攤。

往吳服町站

大倉飯店
博多座
·Riverain
·鈴懸本店
中洲川端站
博多川端商店街
博多川
博多橋

往祇園站

あや P.19
冷泉公園
冷泉町
屋台 BAR えびちゃん P.18
錦ちゃん
照ちゃん
あきちゃん
櫛田神社
202

推薦牛橫隔膜 1 支
1000日圓、豬五花
肉200日圓

中洲
由女老闆掌廚的炸天婦羅屋台。炸星鰻天婦羅一尾500日圓

あい橋
寿吉橋是最適合拍攝中洲屋台河景觀的地方

もり一平
朝日屋
おけい
松ちゃん
ひょうたん
永ちゃん
やまちゃん
ひでちゃん P.19
丸十
大ちゃん
さんゆう
たっちゃん
伸龍

味の明太子
ふくや本店

キャナルシティ博多前
博多のおでん
祇園町西
番笠

のぼるちゃん

びょん吉
笑平

往博多站

博多運河城
キャナルシティ
博多運河城東大樓
天新

峰ちゃん
省ちゃん
春吉ラーメン
武ちゃん P.18

春吉橋
山幸
風来坊
屋台吞龍
白ちゃん

所有西式料理價格都在1000日圓以下，超划算！

紀文

祖 中洲屋台ラーメン一竜 匠 P.17

長濱
九州特產·長濱拉麵的發源地就在此。到半夜都還聚集許多喝完酒來這兒續攤吃麵的人。推薦來這裡吃一碗美味的拉麵。
MAP附錄P5A1

往博多漁港

福岡市中央卸売市場

てっちゃん
やまちゃん
天ぷら若め
魚ちゃん
ロングビーチ
繁華
大将
兆

元祖長浜屋 P.23

ナンバーワン
ロングビーチ
とん吉本店
満月
とん吉二代目
とん吉茶屋
安さん
とん吉休

浜の町公園前
浜の町公園
港口

那の津通り

往大濠公園

往海鷹城

經營屋台已有30多年的海產料理屋台老店

推薦老闆最自豪的長濱拉麵500日圓與一口煎餃350日圓

※地圖內紅字為屋台，黑字為拉麵店及主要建築物。

Q1 屋台在哪裡？

主要集中在渡邊通、昭和通周邊的天神地區，以及那珂川·冷泉公園·福岡大倉飯店周邊的中洲·川端地區，還有福岡市中央批發市場周邊的長濱地區等三處。

Q2 幾點開始營業？

大部分的屋台在19時開始營業，凌晨2時左右結束。可在20～23時之外的時段前往以避開人潮。記得將皮包等物品放在腳邊或大腿上以便騰出空間給其他客人，人潮擁擠時也不要久坐，這些都是基本禮貌。

Q3 價格大約多少？

2人如喝2杯酒外加3～4道料理，1個人約2000～2500日圓左右。消費金額與居酒屋差不多，基本上會稍貴一些。也可只單點一碗麵。

Q4 天候不佳時？

要是遇到颱風或下大雨大雪時，即便不是公休日也有可能臨時歇業，可先打電話確認。

Q5 有洗手間嗎？

屋台只有約12個座位與調理的空間，沒有洗手間。想上洗手間的人得利用附近的公共廁所或便利超商。

絕對不想錯過
博多拉麵的王牌店

到了博多非吃不可的著名美食不用說就是豚骨拉麵。
首先來到最著名的王牌店，細細品嘗這一碗拉麵。

元祖 白丸元味
720日圓（中）
最美味之處在於有
如濃湯般給人深刻
印象的湯頭。

大名
はかた いっぷうどう そうほんてん

博多 一風堂 総本店

仍保留開幕當時口味的只剩這裡！

海外分店也非常多的「博多 一風
堂」起點。全日本只剩下這家總本店
還能夠品嘗到開幕當時的豚骨拉麵原
始好味道。在店裡仔細用手工包製的
大煎餃也很有人氣。

☎092-771-0880 住福岡市中央区大名
1-13-14 ⏰11～23時（週五六、假日前一
日～24時）休無休 P無 交西鐵福岡（天神）
站步行5分
MAP附錄P11B2

融合日式與西洋風格的時尚
空間

渡邊通
はかただるま

博多だるま

讓人吃了難以忘懷的超濃醇湯頭

在博多以濃厚湯頭聞名的豚骨拉麵。
2天熬煮出來的湯汁裡裡充滿膠原蛋
白。使用稀有的豬頰肉做成的特製火
烤叉燒麵1030日圓廣受好評。

☎092-761-1958 住福岡市中央区渡辺通
1-8-26 ⏰11時30分～24時LO 休無休 P
無 交地下鐵七隈線渡邊通站步行4分
MAP附錄P10F3

店內採用懷舊的屋台式座位，
讓人覺得很溫馨

拉麵 700日圓
湯頭是單用豬腿骨熬
煮14小時以上而成的

在家裡還原博多 一風堂的好味道

博多 一風堂桌上擺放的免費人氣小菜「辣豆芽」，可買一瓶「ホットもやしソース」420日圓（300ml）回家自己做。除了博多 一風堂外，各百貨公司也都有販售。
☎092-771-0880

大名
いちらん てんじんにしどおりてん
一蘭 天神西通り店

使用釜醬熬煮的特製拉麵

昭和35年（1960）開幕。使用熬煮叉燒肉所用的醬汁「釜醬」做出來的豚骨拉麵只有這裡吃得到。採用箱型漆器便當盛裝也是獨具特色。

☎092-713-6631 🏠福岡市中央区大名2-1-57 🕙10時～早上7時 🈺無休 🅿無 🚇西鐵福岡（天神）站步行2分
MAP附錄P11B1

釜醬豚骨拉麵 790日圓
豬肉的好味道全濃縮在釜醬裡

座位之間以木板相隔、完全不需在意旁人

天神
はかたらーめん しん-しん
博多らーめん Shin-Shin

擄獲女性芳心的豚骨拉麵

老闆是從屋台出身。拉麵十分受到女性喜愛，最大賣點是以豚骨為底再加上雞骨做出來的香甜湯汁。除了拉麵以外，晚上也會提供多樣化的居酒屋菜色。

☎092-732-4006 🏠福岡市中央区天神3-2-19 🕙11時～凌晨3時 🈺週日（逢連假則最後一天休）🅿無 🚇地下鐵機場線天神站步行3分 **MAP**附錄P9C2

叉燒麵 850日圓
滿滿7片叉燒肉覆蓋在麵上的人氣拉麵

晚上是令人開心的居酒屋♪

警固
ひでちゃんらーめん
秀ちゃんラーメン

粉絲來自全日本的濃醇拉麵

熬煮20小時以上的濃厚豚骨拉麵是一大美食。紐約、香港的海外分店曾被刊載在 '12～'14的米其林指南。

☎092-734-4436 🏠福岡市中央区警固2-13-11 🕙11時30分～14時30分LO、20時～24時30分LO（週六日、假日11時30分～24時30分LO）🅿無 🚇地下鐵機場線赤坂站步行9分
MAP附錄P11A3

拉麵 700日圓
使用的是較易融入湯汁的超細直麵。有溏蛋（100日圓）等加料配菜

店內飄著美味的豚骨香氣。午餐870日圓～

博多拉麵的小常識
博多拉麵的基本介紹

麵的硬度

可視客人喜好調整麵的硬度。從軟到硬依序為超軟、軟、硬、超硬。

加麵

這是一項只加麵條的服務，所以記得留點湯汁。

調味配菜

從紅薑絲到辣高菜等，桌上會放著各種免費醃菜，可視個人喜好的量添加。

📖 加麵服務是發源於靠近福岡市中央批發市場的「元祖長浜屋」（**MAP**P21右下），原本是提供給在市場工作的客人。

越來越受到矚目的
博多特色拉麵店

品嚐完王牌拉麵後，接下來要吃的是更深入當地的博多拉麵。
除了豚骨口味外，另有醬油和鹽味的著名拉麵店。

らーめん げんじ
ラーメン 元次

萃取雞骨與豬骨的精華

白色燈籠與門簾很醒目。招牌是
若醬豚骨拉麵，特色是以豬骨1：
雞骨1之比例所熬煮出來的白色湯
頭。細切的火烤叉燒肉帶來的香
味更為拉麵增添好味道。

☎092-521-7771 億福岡市中央区薬院
4-2-12 ⏰11時30分～23時 休不定休
P無 🚇地下鐵七隈線薬院大通站步行4
分 MAP附錄P5C4

豚骨 鹽味 醬油

若醬豚骨 580日圓
可選擇細麵或寬麵。濃厚
的太醬豚骨也很有人氣

一道菜約300～400日圓，
種類豐富。也可淺酌一下

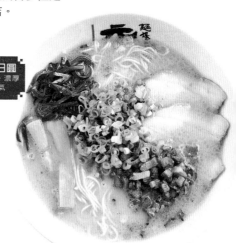

はかたしおらあめん えん
博多塩らあめん
えん[緣]

健康美味的博多式鹽味拉麵

鹽味拉麵專賣店。用福岡縣產的
博多華味雞取湯頭，再用蒙古產
或安地斯產的鹽巴調味。特色是
一碗只有395kcal的卡路里。

☎092-281-1509 億福岡市博多区中洲
3-7-33 ⏰10時～凌晨4時（週六～凌晨5
時）休週日、假日 P無 🚇地下鐵機場線
中洲端站步行2分 MAP附錄P8F2

豚骨 鹽味 醬油

鹽味拉麵 680日圓
扇貝粉與柴魚油脂有提
味功用

1樓只有吧檯座位。2樓另
有桌位

伴手禮
拉麵
種類齊全！

JR博多站內的「MING」有各式各樣的拉麵伴手禮，如大排長龍的麵店，及在屋台廣受好評的炒拉麵等。要不要買些道地口味的拉麵回去送人呢？
☎092-431-1125（MING）
MAP 附錄P6F3

`豚骨` `鹽味` `醬油`

蔥辣拉麵 680日圓
要吃之前再淋上熱騰騰的蔥油

另外也推薦用W湯頭做出來的沾麵

`博多`

はかたしんぷう でいとすてん

博多新風 デイトス店

豬骨與海鮮的絕妙組合

將焦蒜頭與麻油做成的「焦蒜油」加進調味的新風格拉麵，推出後一舉成名而成為人氣店。不容錯過的是這家分店限定的和風豚骨拉麵，好味道的海鮮湯頭喝了讓人在嘴裡餘韻猶存。

☎092-475-8239 **住**福岡市博多區博多駅中央街1-1 博多DEITOS 2F「博多めん街道」內 **時**10時～22時30分 **休**無休 **P**無 **交**直通JR博多站 **MAP**附錄P6F3

`豚骨` `鹽味` `醬油`

和風豚骨（附半熟滷蛋）780日圓
用的是濃厚的豚骨湯頭。帶嚼勁的麵是自製的

推薦附有煎餃、叉燒蓋飯的滿腹套餐

`渡邊通`

ちゅうかそば ごうや てんじんてん

中華そば 郷家 天神店

用濃縮精華的W湯頭一決勝負

將豬腿骨與海鮮2種湯頭混合做成的"W湯頭"很有名。最人氣的「辣蔥拉麵」上頭加了滿滿的辣味白髮蔥絲，可與土雞御飯糰一起享用。

☎092-713-1333 **住**福岡市中央区渡辺通5-25-11 **時**11～23時（週日、假日～22時）**休**無休 **P**無 **交**地下鐵七隈線天神南站步行2分 **MAP**附錄P10E1

`豚骨` `鹽味` `醬油`

玄瑛流拉麵 750日圓
使用口感有嚼勁的自製細麵

採劇場式構造，所有座位都能看到廚房

`藥院`

めんげきじょう げんえい

麵劇場 玄瑛

天然食材做出來的上等口味

「玄瑛流拉麵」乃是使用乾鮑魚與干貝等高級食材做出來的，自製醬油的香醇與豬骨甜頭融合得恰到好處，是一道美味料理。擔擔麵、醬油拉麵也很有人氣。

☎092-732-6100 **住**福岡市中央区藥院2-16-3 **時**11時30分～14時30分LO、18時～24時30分LO（週日、假日11時30分～17時LO、18～22時LO。賣完即打烊）**休**無休 **P**無 **交**地下鐵七隈線藥院大通站步行5分 **MAP**附錄P11B4

在豚骨拉麵的聖地·博多可吃到種類多樣的拉麵。近來沾麵也成為主流，新增了不少專賣店。

品嘗道地的內臟鍋增強活力！
好好享用著名餐廳的美味吧

湯頭分為醬油、雞骨、味噌，從清爽到濃厚口味，每家餐廳的湯頭都不一樣，在此介紹的是博多前5大著名的內臟鍋餐廳。

什麼是內臟鍋？

這裡指的是牛內臟。內臟鍋是博多一年到頭都能吃得到的具代表性火鍋料理。內臟的低脂肪、高蛋白質、高鐵質搭配了大量蔬菜一起下鍋，是一道很健康的養生美食，也廣受女性喜愛。

蔬菜
主要為高麗菜和韭菜。基本的調味料是可增添湯頭風味的辣椒與蒜頭

內臟
大部分餐廳是以小腸為主，加入心臟、牛胃（第一個胃）等數種部位

醬油味內臟鍋 1人份起　1人份 **1180日圓**

1樓是吧檯、2樓桌位、三樓採和式座位

強棒麵
在最後濃縮了內臟美味的湯頭裡再加入強棒麵。也可加入白飯煮成雜炊粥！

湯頭
懂內臟鍋的人就會知道要留下最美味的精華湯汁，以便在最後加入麵條或白飯

正統派！

內臟鍋食用指南

1 等待火鍋煮熟之前，可先吃點小菜如醋拌內臟等

2 吃不夠記得加菜！無論內臟還是蔬菜都可單獨加點

3 壓軸加入強棒麵或煮成雜炊粥，到最後一刻都不要放過美味的湯頭

西中洲

もつなべ しょうらく てんじんほんてん

もつ鍋 笑楽 天神本店

正宗的博多風格
簡單卻美味的的火鍋

從昭和60年（1985）開幕以來，以雞骨為湯底的醬油口味就未曾改變過。使用的是國產牛內臟，小腸佔了9成，其餘1成是心臟與牛胃（第三個胃）

☎092-761-5706 　福岡市中央区西中洲11-4 　17時～凌晨1時（週六日、假日12～15時也有營業）　無休　P無　
地下鐵七隈線天神南站步行3分　MAP
附錄P10E1

巴掌大的 小火鍋

「小鍋ダイニング 輪」提供的是可一個人輕鬆享用的個人小火鍋。有幾種火鍋可點來大家一起吃，如烤韓國泡菜起司內臟鍋780日圓（1人份起）。

☎092-725-6285 **MAP**附錄P8F3

中洲川端周邊

もつなべおおやま ほんてん

もつ鍋おおやま 本店

10種味噌調和出濃郁味噌湯頭

湯頭是使用八丁味噌和信州味噌等10種味噌做出來的，鹿兒島產的黑毛和牛柔軟內臟美味融化在裡頭，口感非常濃厚。

☎092-262-8136 **住**福岡市博多区店屋町7-28 **⏰**17～24時（週五六、假日前日～凌晨1時）**休**不定休 **P**無 **交**地下鐵箱崎線吳服町站步行2分 **MAP**附錄P7B1

用麻油提味！熱氣飄香令人垂涎欲滴

內臟鍋有味噌・醬油・橘醋3種口味可挑選！

味噌內臟鍋 1人份
1人份起 **1285日圓**

全部採用和式座位

味噌內臟鍋 1人份
2人份起 **1200日圓**

大名

はかたごえ だいみょうてん

博多五衛 大名店

加了膠原蛋白球的火鍋超人氣！

加了自製膠原蛋白球（350日圓另計）的「美肌鍋」廣受好評。而最有人氣的是味噌內臟鍋最後壓軸的起司雜炊粥。

☎092-713-2188 **住**福岡市中央区大名1-9-4 INITIA IO大名1F **⏰**17時～23時30分LO **休**無休 **交**地下鐵機場線赤坂站5號出口步行5分 **P**無 **MAP**附錄P9B4

以簾子隔間的和式座位

2種醬油調和而成的湯頭很爽口。

大名

あじなべ みんみん

味鍋 味味

自豪的琥珀色 醬油味湯頭

在當地廣受喜愛的著名醬油味內臟鍋餐廳。7種內臟不同的味道與甘甜高麗菜巧妙融合，越煮越能帶出好味道。

☎092-741-1856 **住**福岡市中央区大名2-2-57 **⏰**18時～23時30分LO **休**週日（逢假日則週一）**P**無 **交**地下鐵機場線赤坂站步行3分 **MAP**附錄P11A1

內臟鍋 1人份
972日圓

＊小菜及服務費432日圓另計

有吧檯與和式座位

使用的都是福岡縣產蔬菜，滿滿都是豆芽菜與牛蒡！

今泉

えちごや いまいずみにごうかん

越後屋 今泉II号館

用京風白味噌調味，口感溫和

湯頭加了從京都特別訂購的西京味噌等數種味噌調配而成，特色是溫和香甜。柚子胡椒口味的炸豆腐也在其中，豐富的口感很受女性的歡迎。

☎092-738-5766 **住**福岡市中央区今泉2-5-6 DAVINCI今泉1B **⏰**18時～23時30分LO **休**不定休 **P**無 **交**地下鐵七隈線天神南站步行7分 **MAP**附錄P11C3

用木材裝潢的溫馨餐廳

京風白味噌內臟鍋 1人份
3人份起 **1188日圓**

內臟鍋主要是醬油與味噌口味，最近壽喜燒口味及蒸式內臟鍋等新口味也競相登場！

吃水炊鍋而肌膚彈潤的博多美人♡
補充雞骨膠原蛋白還原美麗

水炊鍋富含膠原蛋白，是博多首屈一指的美膚料理。
博多人也喜歡藉以增強活力，乃當地的傳統美食。

什麼是
博多水炊鍋？

湯頭可分為清澈透明與白濁色兩種，視店家而異。大部份餐廳都備有全餐，附炸雞肉與雞肉生吃等。可不要忘了壓軸的雜炊粥。

平尾

みずたきがんそ すいげつ

水たき元祖 水月

擁有100多年歷史與技術的名店

明治38年（1905）創業，是著名的水炊鍋發源餐廳。經過長時間仔細去除雜質熬煮而成的清澈湯頭非常鮮美，而最主要的雞肉其肉質也非常柔軟。雞肉之外，軟綿綿的雞肉丸也是絕品！自製的橘醋沾醬是用系島產的苦橙榨汁後經過一年熟成的，為水炊鍋增添獨一無二的絕佳口感。除了水炊鍋外，另有精選的雞肉料理也值得品嘗，如肝甘露煮1200日圓。

☎092-531-0031 住福岡市中央区平尾3-16-14 ⏰17時～20時30分LO（需預約）休週一 P3輛 交西鐵天神大牟田線西鐵平尾站步行10分 MAP附錄P5C4

1樓備有和式座位

元祖博多水炊鍋B全餐
5700日圓

附雞肉刺身等，最後可加入麵線或加入白飯煮成雜炊粥。10%服務費另計。

也推薦這道

多汁的帶骨炸雞腿肉
1500日圓

推薦這道

請盡情享用滿滿膠原蛋白的湯頭

老闆娘林田小姐

《加碼推薦》
元祖博多水炊鍋A全餐　6700日圓
元祖博多水炊鍋完整全餐　8800日圓
博多小菜組合 水炊鍋的加點菜　2500日圓

清澈的湯頭很美味。水炊鍋2400日圓

《加碼推薦》
雜炊粥　315日圓
炸雞肉　400日圓
煙燻雞肉　400日圓

也推薦這道

華味雞的滷雞翅1盤3支400日圓

餐廳有3層樓，座位很多

中洲川端周邊

みずたきながの

水たき長野

維持創業當時口味的博多老店

創業90年以上，傳承獨特製法的老餐廳。使用天然飼料餵養的雞隻肉質非常有彈性且甜美，清澈的湯頭帶著高雅口感。附雞肉片與肉丸的湯水炊鍋2400日圓也很有人氣。

☎092-281-2200 住福岡市博多区对馬小路1-6 ⏰12～22時 休週日 P無 交地下鐵機場線中洲川端站步行10分 MAP附錄P2D3

＊上述全餐除非特別註記，否則皆為1人份費用。僅接受2人份以上點餐。

可在家輕鬆品嚐
道地口味的
萬能雞湯

雞肉水炊罐頭648日圓（425g）是已販賣60年以上的暢銷商品。從帶骨雞肉熬煮出來的濃厚湯底可與各種料理搭配使用。「岩田屋」的地下食品樓層可買得到。

☎092-721-1111（岩田屋總店總機）

天神
はかたみずだき しんみうら てんじんてん

博多水だき 新三浦 天神店

1個人也能輕鬆享用水炊鍋

以白濁色湯頭聞名的口感溫和"水炊鍋"。小菜定食1950日圓，即便1個人前來也能輕鬆享用老店的古早好味道。親子蓋飯870日圓也頗受好評。

☎092-721-3272 住福岡市中央區天神2-12-1 天神大樓地下1F ⏰11時15分～15時LO、17時～20時30分LO 休不定休 P無 交地下鐵機場線天神站步行1分 MAP附錄P9C2

水炊鍋梅全餐3400日圓～（午餐價格）

《加碼推薦》
特製雞蛋捲 760日圓
炸雞肉 870日圓
烤雞肉蓋飯 870日圓

也推薦這道

甜辣口味的醬烤肝臟870日圓

天神地下街直通，交通非常方便

土雞水炊鍋全餐4700日圓

《加碼推薦》
炸雞翅 800日圓
博多產名明太子 800日圓
牛里肌涮涮鍋全餐 4900日圓

也推薦這道

熊本直送的霜降生馬肉1700日圓

另有舒適的包廂

川端
はかたあじどころ いろは

博多味処 いろは

藝人也愛造訪的著名餐廳

有很多藝人來吃過，是一間很有名的餐廳。水炊鍋的湯頭是用佐賀縣的赤雞長時間熬煮而成，充滿雞肉甘甜且營養百分百。炸雞翅及生馬肉等單點料理也不少。

☎092-281-0200 住福岡市博多區上川端町14-27 ⏰18～23時（週日～22時）休週一 P無 交地下鐵機場線中洲川端站步行3分 MAP附錄P7A1

天神
みずたきりょうてい はかたはなみどり てんじんてん

水たき料亭 博多華味鳥 天神店

品嘗雞肉的原味

水炊鍋使用的是肉質既柔軟又彈牙的華味雞。晚間全餐有3種3300日圓～、週六日、假日午餐也可吃到水炊鍋2400日圓～。

☎092-738-5583 住福岡市中央區今泉1-20-2-天神MENT大樓地下1F ⏰11時30分～14時LO（限週六日、假日）、17時～22時30分LO 休無休 P無 交地下鐵七隈線天神南站步行5分 MAP附錄P11C2

華味鳥水炊鍋2900日圓

《加碼推薦》
華全餐 4350日圓
水炊炸雞肉 650日圓
博多半烤雞胸肉 380日圓

也推薦這道

特製華味雞肉丸580日圓，沾蛋黃品嘗

簡樸沉穩的氣氛

📖 博多的水炊鍋餐廳多半採日式料亭風格，由身穿和服的店員為客人在桌邊調理。

小小一顆凝聚了好味道
鮮甜多汁的博多一口煎餃

博多的餃子將美味凝聚在女性能輕鬆享用的一口大小
充分享受從中溢出的熱騰騰肉汁及香氣！

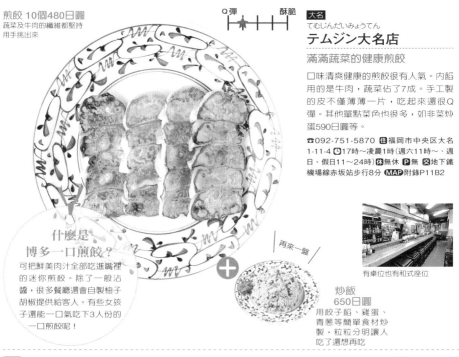

煎餃 10個480日圓
蔬菜及牛肉的纖維都堅持
用手挑出來

Q彈 ├─★─┼─┼─┤ 酥脆

大名
てむじんだいみょうてん
テムジン大名店

滿滿蔬菜的健康煎餃

口味清爽健康的煎餃很有人氣。內餡
用的是牛肉，蔬菜佔了7成。手工製
的皮不僅薄薄一片，吃起來還很Q
彈。其他單點菜色也很多，如韭菜炒
蛋590日圓等。

☎092-751-5870 住福岡市中央区大名
1-11-4 營17時〜凌晨1時（週六11時〜、週
日、假日11〜24時）休無休 P無 交地下鐵
機場線赤坂站步行8分 MAP附錄P11B2

有桌位也有和式座位

炒飯
650日圓
用餃子餡、雞蛋、
青蔥等簡單食材炒
製，粒粒分明讓人
吃了還想再吃

再來一盤 ＋

什麼是
博多一口煎餃？
可把鮮美肉汁全部吃進嘴裡
的迷你煎餃。除了一般沾
醬，很多餐廳還會自製柚子
胡椒提供給客人。有些女孩
子還能一口氣吃下3人份的
一口煎餃呢！

中洲
ほううんてい なかすほんてん
宝雲亭 中洲本店

博多一口煎餃的發源店

昭和24年（1949）開幕，起源為第
一代老闆從中國撤回到日本後，還原
在滿洲國所品嘗到的煎餃口味。不使
用大蒜，而是用大量的洋蔥做出香甜
又爽口的煎餃而受到好評。

☎092-281-7452 住福岡市博多区中洲
2-4-20 營17時30分〜凌晨1時30分LO（週
日、假日〜23時LO）休不定休 P無 交地下
鐵機場線中洲川端站步行5分 MAP附錄
P7A3

位在錦小路這條狹窄巷子裡

再來一盤

韭菜炒蛋
600日圓
煎餃店必有的料
理，軟綿綿的雞蛋
非常美味。另有豬
肝韭菜炒蛋750日圓

＋

Q彈 ├─★─┼─┼─┤ 酥脆

煎餃
10個550日圓
仔細蒸過的麵皮
十分Q彈。絕妙
的清爽口味

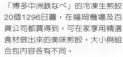

只要有這個，
就能在家做出道地的
博多煎餃

「博多中洲鉄なべ」的冷凍生煎餃
20個1296日圓，在福岡機場及百
貨公司都買得到。可在家享用精選
食材做出來的美味煎餃。大小與組
合包內容各有不同。
☎092-405-1288(鉄なべ)

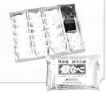

中洲川端周邊
はかたぎおんてつなべ
博多祇園鉄なべ

創業時便開始使用 "鐵鍋"

從屋台起家，在昭和44年（1969）
開幕的人氣餐廳。使用鐵鍋並蓋上
木蓋，讓煎餃表皮煎得酥脆而裡頭
熱呼呼，吃的時候沾具畫龍點睛
效果的自製柚子胡椒。由於是鐵
鍋，吃到最後都還是熱騰騰的！

☎092-291-0890 住福岡市博多区祇園
町2-20 時17～24時 休週日、假日 P無
交地下鐵機場線祇園站步行3分 MAP付
錄P7C2

煎餃 8個500日圓
鐵鍋裡鋪著滿滿的煎餃，肉
汁也是熱騰騰！

Q彈 ——★—————— 酥脆

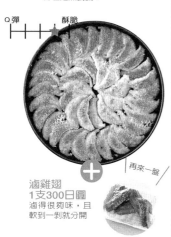

滷雞翅
1支300日圓
滷得很夠味，且
軟到一剝就分開

再來一盤

店門口掛著容
易辨識的紅色
門簾

中洲川端周邊
いちゆうてい れいせんてん
一優亭 冷泉店

多汁的韭菜餃

豬肉和韭菜美味滿溢出來的一顆一
口大的韭菜餃。切成四角塊的豬肉
和小蝦子用Q彈的皮包起來，形成
恰到好處的口感，雖然小小一顆但
份量十足。裡頭不加蒜頭，因此也
廣受女性喜愛。

☎092-262-0477 住福岡市博多区店屋
町5-8 時11時30分～14時、17時30
分～23時30分LO 休無休 交地下
鐵機場線中洲川端站步行3分 MAP附錄
P7A1

博多一口韭菜餃 480日圓
用特製鐵釜一口氣悶煎出來
的，好味道整個凝縮在裡頭

Q彈 ——★—————— 酥脆

厚烤牛橫膈膜
920日圓
厚切的黑毛和牛
非常美味多汁

再來一盤

餐廳位在冷泉
公園正對面

藤崎
ぎょうざいちばん
ぎょうざ一番

可吃出肉質的鮮美

雖然遠離市中心，但依舊是高朋滿
座的著名餐廳。入口嘗到肉質美味
後隨之而來的是使用了大量洋蔥等
蔬菜的香甜好滋味，多層次的口感
讓人一吃就愛上。另有蝦子煎餃與
花枝煎餃各561日圓，單點小菜也
很豐富。

☎092-843-9329 住福岡市早良区弥生
1-4-1 時17時～24時30分LO、週日～23
時30分LO 休不定休 P5輛 交地下鐵機
場線藤崎站步行5分 MAP附錄P3C3

煎餃 10個464日圓
凝聚鮮美肉質的煎餃表皮酥
脆、內餡Q彈

Q彈 ——★—————— 酥脆

燉牛筋
669日圓
牛筋軟嫩到用筷
子就能撥開。湯
汁也是超美味

再來一盤

餐廳寬廣，
2樓也有座位

博多式吃法是煎餃端上桌之前的等待時間可先品嘗一些小菜，各餐廳的單點小菜種類都不少。

串燒也是福岡的名產之一，當地人最愛去的店就是這裡！

博多式的串燒有雞肉、牛肉、豬肉、海鮮、蔬菜等，種類非常豐富。
特色是各店家都會附上淋了獨家醋醬的高麗菜。

1支80日圓～ 2人預算5500日圓

創業30年的老店
以好肉質一決勝負

推薦好酒

森伊藏	1杯874日圓～
村尾	1杯572日圓～
萬膳	1杯572日圓～

やきとりあかべえ だいみょうてん
やきとり赤兵衛 大名店

以肉質柔軟的鹿兒島產椎雞為主。昭和54年（1979）開幕，精心挑選食材且細心調理，美味獲得一定的好評，店內總是熱鬧滾滾。串燒一共有35種。

☎092-713-1464 住福岡市中央區大名1-12-36 ⏰17～24時（週五六、假日前日～凌晨2時） 休無休 交地下鐵機場線赤坂站步行7分 P無 MAP附錄P11B2

一整排放在盒子裡的串燒看起來很壯觀！

1支80日圓～ 2人預算7000日圓

研發出醋醬高麗菜
位在博多座旁的老店

推薦好酒

椿酒	1合580日圓～
龍門	1杯320日圓、1瓶2200日圓
ハイボール	1杯420日圓

てんかのやきとり のぶひでほんてん
天下の燒鳥 信秀本店

昭和39年（1964）開幕。老闆是第一位免費提供淋上醋醬的高麗菜，且研發出迷你番茄串燒捲250日圓等捲類美食的人，也為博多式串燒建立了明確地位。

☎092-281-4340 住福岡市博多區下川端町8-8博多座橫 ⏰16時30分～24時 休無 交地下鐵機場線中洲川端站步行3分 P無 MAP附錄P8F1

沉穩的日式空間裡掛滿藝人照片

1支110日圓～ 2人預算5000日圓

老闆曾經是職業棒球選手
詼諧的菜色名稱令人莞爾一笑

推薦好酒

黑霧島	1杯450日圓～、1瓶2000日圓
しびの露	1杯450日圓～、1瓶2000日圓
八鹿	1杯450日圓 八鹿 1杯450日圓

やきゅうどり
野球鳥

老闆曾經是西鐵獅子隊時期的知名投手。豬五花「1壘安打」110日圓、雞皮「勝利投手」110日圓、豬腳「棒球釘鞋」400日圓等，與棒球相關的菜名很有趣。

☎092-712-3641 住福岡市中央區警固1-1-23 ⏰17時～凌晨2時 休無休 交地下鐵七隈線藥院大通站步行5分 P無 MAP附錄P11B4

內臟鍋及500日圓以下的單點菜色種類豐富

博多的串燒
要從五花肉
（豬五花）
吃起！

外面脆脆裡頭多汁，灑上剛剛好的鹽巴，五花肉（豬五花）串燒是博多人的靈魂美食。幾乎所有的人到了串燒店第一道的就是這個。以「五花肉和啤酒」做開場乃博多式的串燒吃法。

1支162日圓～ 13樣全餐3780日圓

**以博多塀裝飾的
時尚成熟風格串燒店**

推薦好酒
レタンヌ オクシタン シャルドネ　1瓶3024日圓
角ハイボール　1杯464日圓
東一　1杯950日圓

やきとりのはちべえ しょうにんばしどおりてん
焼とりの八兵衛 上人橋通り店

可搭配葡萄酒享用串燒。一些單點美食如佐以鴨肝醬的白蘿蔔煮1490日圓，以及著名甜點芝麻布丁410日圓都廣受女性好評。共13道菜的全餐需一天前預約。

☎092-732-5379 住福岡市中央区警固1-4-27 ⏰18時～24時30分LO 休無休 交地下鐵七隈線藥院大通站步行5分 P無 MAP附錄P11B3

在吧台內的備長炭爐進行串烤

1支130日圓～ 13樣全餐2500日圓

**典雅空間與特選的好味道
使用炭火串烤新鮮雞肉**

推薦好酒
万齢　1杯600日圓
サンマルコロッソ　1杯450日圓
佐藤 黒麹仕込　1杯550日圓～

やきとりのろっかくどう
焼鳥の六角堂

2011年6月開幕以來就陸續吸引不少遠道而來的饕客。只使用溫體雞且切得很大塊，吃起來份量十足。最推薦的是特選和牛橫膈膜串480日圓等。

☎092-521-0125 住福岡市中央区平尾2-3-15 ⏰17時30分～凌晨1時 休無休 交西鐵天神大牟田線西鐵平尾站步行2分 P無 MAP附錄P4D4

吧台對面另有半包廂（需預約）

1支100日圓～ 2人預算5000日圓

**獨一無二的雞皮
賣得嚇嚇叫**

推薦好酒
霧島　1杯250日圓～
梅酒ロック　1杯450日圓
ラムネ酎ハイ　1杯400日圓～

かわや けごてん
㋕屋 警固店

1支100日圓的雞皮串是店家招牌，用的是油脂較少的脖子根部，一隻雞只能做出1串。雞皮串每天沾上醬汁後再燒烤，光這動作就重複6天。有如奶油的濃厚口感非常適合當下酒菜。

☎092-741-4567 住福岡市中央区警固2-16-10 ⏰17～24時LO 休無休 交地下鐵機場線赤坂站步行10分 P無 MAP附錄P5B3

平日也常客滿，建議先預約較安心

📖 福岡的串燒不可或缺的菜色是醋醬高麗菜。吃了會上癮的醋醬一般超市也買得到。

鮮度超群、價格實惠！
玄界灘的新鮮海產

由於福岡臨海，每天都能吃到新鮮海產是一件理所當然的事。
來到漁夫打拼捕魚以及廚師磨刀霍霍的玄界灘，怎能不大快朵頤一番！

春吉

やなぎまちいっこくどう

柳町一刻堂

博多人拍胸脯掛保證的著名餐廳

可嘗到博多與九州各地當季山產及海產的著名餐廳，博多人也愛來這裡招待親朋好友。高鮮度的食材是從附近的柳橋聯合市場進貨而來，加上擅於運用各種調理方式，讓食材保有原風味，都是讓餐廳維持高人氣的秘密。菜色種類很多，4000日圓起的各種全餐都非常物超所值！各種酒類也很齊全！以前的1號店現已在中央區清川原址改為一刻堂 清川店繼續營業。

☎092-725-2215 ⑪福岡市中央区春吉
3-15-30 ⑤18時～凌晨3時 ㊡不定休 Ⓟ無
㊨地下鐵七隈線天神南站步行7分
Ⓜ附錄P10F1

除了吧檯位外，另有舒適的包廂

生魚片拼盤3000日圓（2人份）含青魚（背部為青色的魚）、白肉魚、烏賊等9種。上方是冬天的高級魚種石斑魚鍋

再來一盤

凝聚了好滋味的鹽漬梭子蟹1500日圓

推薦這道

調味料都是自家製。充滿活力的服務也是我們的特色。

老闆／福永先生

《加碼推薦》
絞肉茄子煮580日圓
主廚全餐4000日圓～（9～10道菜）
石斑魚鍋（需預約，冬季限定）4000日圓（1人份）

鯖魚生魚片只有博多才吃得到

《加碼推薦》
生魚片拼盤2人份2800日圓～（如圖）
蓮藕丸佐蕎麥籽900日圓
主廚全餐3500日圓（10道）

再來一盤

奶油烤榮螺700日圓

店內寬敞沉穩

春吉

きりん

麒麟

同行下班後的好去處

老闆在「柳町一刻堂」工作10年後才出來開了這家日本料理店。以海鮮為主，從正餐到各種下酒菜都有，全心致力於新菜色的開發。備有包廂，可好好地品嘗美味料理。

☎092-771-5500 ⑪福岡市中央区春吉
2-2-5 ⑤18時～凌晨5時 ㊡週三 Ⓟ2輛 ㊨
地下鐵七隈線渡邊通站步行8分 Ⓜ附錄
P4D2

長濱的「市場會館」是福岡市最具指標性的鮮魚市場

位在長濱的「市場會館」裡頭可參觀到日本的食魚文化和各種捕魚法、魚市場的構造等。1樓有數間能品嘗鮮魚美味的日本料理店，早上即開門營業。
☎092-711-6412 (MAP) 附錄P5B1

今泉
はかたろばた・ふぃっしゅ まん
博多炉端・魚男 FISH MAN
和洋折衷的輕鬆風格居酒屋

強調自產自銷的和洋折衷美食居酒屋。用特別訂製的階梯式盤子盛裝的生魚片階梯拼盤非常有人氣，共附6種沾醬。炸天婦羅拼盤1280日圓也廣受好評。

☎092-717-3571 (住)福岡市中央区今泉1-4-23 (時)11時30分～凌晨1時 (休)無休 (P)無 (交)地下鐵七隈線藥院站步行4分 (MAP) 附錄P10D3

造型有趣的生魚片階梯拼盤

再來一盤

《加碼推薦》
香蒜鯷魚熱沾醬1人份550日圓（限2人份以上）
義式水煮紅喉魚1280日圓 ～（時價）
生魚片1人份1300日圓（限2人份以上）

與濃厚沾醬很搭配的胡麻鯖魚1080日圓～（時價）

使用大量木材裝潢的鄉村風格

《加碼推薦》
生魚片拼盤（1～2人份）2130日圓
一口南蠻蝦950日圓
熱騰騰明太豆腐720日圓

有生魚片及可樂餅等多樣菜色

再來一盤

天然石斑魚鍋3210日圓

點菜的同時就開始調理鮮魚

川端
いさぎよし しもかわばたてん
磯ぎよし 下川端店
以地酒和鮮魚自豪的居酒屋

吧檯上整排都是當天捕獲的鮮魚！堅持使用九州特產食材與當地酒的每月替換料理很有人氣。店內氣氛熱鬧，且店員服務態度很親切。另有天神店、藥院店。

☎092-281-6780 (住)福岡市博多区下川端町1-333 (時)17時30分～24時30分 (休)無休 (P)無 (交)地下鐵機場線中洲川端站步行3分 (MAP) 附錄P8F1

博多站前
こげんた
虎玄多
高級鮮魚的價格便宜到令人驚訝！

也只有鮮魚店直營的居酒屋，才能將剛捕獲的鮮魚以如此便宜的價格提供給客人。可品嘗河豚涮涮鍋2～3人份1800日圓（10～3月左右）與自製烏魚子600日圓等高級魚料理。

☎092-483-1161 (住)福岡市博多区博多駅前3-22-7 (時)11時30分～14時（限週一～五）、17～24時 (休)不定休 (P)無 (交)JR博多站步行5分 (MAP) 附錄P6D4

黑鮪魚、鯨魚等豪華拼盤

再來一盤
煮得很入味的紅喉魚1500日圓

《加碼推薦》
當季握壽司拼盤8個1800日圓
生魚片拼盤1人份900日圓（圖為1.5人份）
鮟鱇魚鍋2～3人份1500日圓（冬季限定）

2・3樓是舒適的和式座位

基本上九州醬油口味較偏甜。生魚片與口味濃厚且偏甜的「刺身醬油」很搭。

上等鮮魚與熟練的技術
品嘗活跳跳的鮮美握壽司！

正因為福岡面海，在玄海灘洶浪中捕獲的海鮮也特別美味☆
熟練廚師捏出來的壽司，讓人幸福洋溢。

下川端

たつみずし そうほんてん

たつみ寿司 総本店

嚴格挑選鮮度超群的海鮮
做出新潮時尚的搭配

手法細緻的創意型壽司著名餐廳。
特色是不需沾醬油享用，因為已用
系島產岩鹽做成的沾醬及酢橘或臭
橙等柑橘類加以調味過。經過特別
調理，使鮮魚的好味道能發揮到極
致，連不愛吃魚的人都為之折服。
不僅堅持傳統技巧，也積極地尋求
變化。

☎092-263-1661 🏠福岡市博多区下川
端町8-5 🕐11時~21時30分LO 🈳無休
🅿無 🚇地下鐵機場線中洲川端站步行3
分 **MAP**附錄P8F1

```
·········· 預 算 ··········
【中午】
✛1900日圓~（平日）✛
【晚上】
✛11000日圓~✛
```

特選握壽司　　　　3900日圓
（握壽司6個、海膽鮭魚卵、玉子燒 ※
午餐附湯、茶碗蒸、甜點）
每天進貨的食材不同，採訪當天的賣點是在
東京很難得一見而有"夢幻之魚"美稱的生
星鰻。擺滿了當令海鮮，非常值得推薦。

──── 創意握壽司之技巧例 ────

黃尾鰤700日圓~
淡粉色的白肉魚在上甜酒釀
風味

松前壽司380日圓~
用利尻昆布將肥厚的醃漬
鯖魚包裹起來，香味豐富

比目魚650日圓~
佐以鰹魚和海葡萄，口
感很特別！

能近距離看見廚師一舉一動的吧檯位

＊本書所介紹的握壽司價格是以1個為單位。生魚片種類視季節有所不同。

在鬧區也能輕鬆吃得到玄海灘的海鮮

位在IMS13樓的「博多漁家 すし磯貝」是當地人氣的海鮮居酒屋。可以用便宜實惠的價格吃到近海捕獲的天然魚。中午時段的主廚壽司1600日圓很受歡迎。
092-741-5585 MAP 附錄P8D3

上川端
てんじゃく かわばたてん
天勺 川端店

熟練技巧讓人看了入神的超美味握壽司

位在川端商店街可眺望博多川的獨見風情位置。附近就是柳橋聯合市場，從這兒採購以玄海為主的大分縣鱧魚與長崎縣鮑魚等九州海產。可慢慢品嘗用細膩手法做成的握壽司。

☎092-283-8363 住福岡市博多区上川端町4-218 ⏰11時30分～14時、17～22時LO 休週日(逢假日則翌日) P無 交地下鐵機場線中洲川端站步行5分 MAP 附錄P7B2

┌─── 預 算 ───┐
【中午】
✧天勺套餐 3780日圓～✧
【晚上】
✧壽司會席 8640日圓～✧
└──────────┘

可望見河川的吧檯是特等座位

渡邊通
すし かっぽう やまなか
鮨 割烹 やま中

氣氛沉穩，是福岡最知名的壽司店

全日本都有粉絲的著名餐廳，時尚的空間也贏受女性喜愛。大量使用九州食材做成的玄海・博多前壽司雖然簡單卻超級美味。生魚片的鮮度與飯糰的溫度都在在讓人感受到廚師的堅持。

☎092-731-7771 住福岡市中央区渡辺通2-8-8 ⏰11時30分～14時、17～21時LO 休週日 P有 交地下鐵七隈線藥院站步行3分 MAP 附錄P10E3

┌─── 預 算 ───┐
【中午】
✧午間全餐 2160日圓～✧
【晚上】
✧主廚精選 8640日圓～✧
└──────────┘

時尚空間是由活躍於全世界的建築師磯崎新所設計

─── 主廚技巧例 ───

明太子400日圓
用昆布湯底醃漬的自製明太子

鯨魚800日圓
可嘗見紅肉與油脂2種味道的著華握壽司

蛤蠣煮600日圓
用紅酒與醬油調味，再佐以柚子提味

午間天勺套餐3780日圓（小菜、握壽司7個、細壽司捲3個、紅味噌湯、茶碗蒸、甜點）

─── 主廚技巧例 ───

石斑魚540日圓
微烤過的博多高級魚石斑魚，肉質Q彈

甜鯛540日圓
嫩葉上以白板昆布點綴

醃漬鯖魚324日圓～
北海道松前昆布與甘甜酒醸的絕妙搭配！

午間全餐3240日圓（握壽司9個、細壽司捲3個、海鱒鮭魚卵蓋飯、紅味噌湯、茶碗蒸、甜點）

📖 福岡一整年都能品嘗到美味鮮魚。特別是秋冬時期，比目魚及真鯛等油脂豐富的魚種更是豐富。春夏的竹筴魚也不容錯過！

口感柔軟的烏龍麵
也是博多的重要美食之一

博多的烏龍麵口感柔軟，與香味十足的湯底十分對味。
可實際品嘗一下與讚岐及稻庭口感迥異的獨特美味。

丸天烏龍麵450日圓
配合碗公大小做成的
圓魚漿片很彈牙。
乃博多必吃美食

**博多是烏龍麵的
發源地**
烏龍麵是鎌倉時代從中國返
回日本的僧侶——聖一國師
所帶回來的，因此博多有
"日本烏龍麵的發源地"之
稱。

再來一盤

**雞肉御飯糰
1個110日圓**
清淡的雞肉飯加上厚
厚的昆布佃煮是最佳
搭配

天神

いなばうどん そらりあすて一じてん
因幡うどん ソラリアステージ店

就是這道！博多的王牌烏龍麵店

只要一到中午便大排長龍的人氣店。
美味湯底使用的是北海道產天然羅臼
昆布與長崎縣五島列島、島原的小魚
乾熬煮，與柔軟順口的麵條非常搭
配。桌上放著店家提供的免費青蔥也
廣受好評。博多站另有分店。

☎092-733-7085 住福岡市中央區天神
2-11-3 SOLARIA STAGE地下2F ◷9時～
21時30分LO 休無休 ﾟ無 交地下鐵機場線
天神站步行3分 **MAP** 附錄P8D3

直通天神地下街，
交通很方便

川端

かろのうろん
かろのうろん

辣得很過癮的明太子烏龍麵

已有100年以上歷史的老店。位在國
道上的川端商店街入口一角，因此被
稱為「街角烏龍麵」，進而演變成博
多腔店名「かろのうろん」。使用羅
臼昆布熬成的上等湯頭為其特徵，和
滑溜彈口的麵條十分搭配。

☎092-291-6465 住福岡市博多區上川端
町2-1 ◷11～19時(賣完即打烊) 休週二
(逢假日則翌日) ﾟ無 交地下鐵機場線祇園
站步行5分 **MAP** 附錄P7B2

位在櫛田神社附近，參拜完
可順道來嘗嘗

再來一盤

**豆皮壽司
1盤250日圓**
微微醋甜的古早味與
清淡的烏龍麵很對味

**辣味明太子
830日圓**
一整條魚卵放在麵
上，湯汁混入辛辣
口味，是很受歡迎
的美食

博多烏龍麵特徵是柔軟的麵條加上出色的湯頭。另加點炸牛蒡與圓魚漿片是基本的博多吃法。

介紹可品嘗美食、享受血拼、
盡情遊玩的樂園——福岡市

來到大都會福岡，想怎麼玩就怎麼玩。
盡情逛完街後，
還能前往夜景迷人的福岡港灣區。
在這兒可欣賞到福岡不同的面貌喔！

福岡市
是什麼樣的地方

麻雀雖小五臟俱全的都會區與豐富的大自然。
2大魅力並存的福岡市！

觀光景點可分為6大區域

景點眾多，如位在九州門戶且擁有大型車站高樓的「JR博多站周邊」、百貨公司和購物中心林立的「天神」、以及九州最大鬧區「中洲」等。除此之外，緊鄰天神的「大名・藥院」小巷子裡有不少精緻的美食特色餐廳和雜貨店。想要體驗度假氣息的人，還能前往海鷹城所在的「福岡港灣區」和「海之中道・志賀島」。

觀光資訊

JR博多站與三越獅子廣場前等便利性高的地點設有觀光服務處，可前往索取最新觀光資訊。

博多站綜合服務處 ☎092-431-3003 **MAP** 附錄P6F4
福岡市觀光服務處(天神) ☎092-751-6904 **MAP** 附錄P10D1

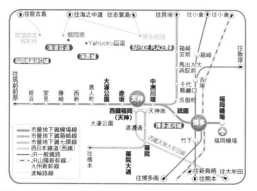

じぇいあーるはかたえきしゅうへん
JR博多站周邊

…P44～

博多站是2011年全線開通的九州新幹線據點。擁有日本最大的車站大樓「JR博多城」，裡頭聚集了眾多人氣美食與咖啡廳。頂樓可360度俯視美景。

だいみょう・やくいん
大名・藥院

… P80～

緊鄰天神西側的「大名」、國體道路南側的「今泉」、更往南的「藥院」、「今泉」西側的「警固」，無論何處都是熱鬧的精品店和餐飲店林立。

ふくおかべいえりあ
福岡港灣區

… P94～

面對博多灣，有福岡Yahuoku巨蛋球場與福岡塔遊樂設施及福岡市博物館等。黃昏時刻景色迷人，也是很適合約會的臨海區域。

うみのなかみち・しかのしま
海之中道・志賀島

… P98～

順著玄界灘一路延伸廣布的中洲，是一處蘊藏了豐富大自然的休閒地區。搭船只需20分鐘，可充分享受度假氣息。

中洲・川端

なかす・かわばた

… P52～

洋溢博多歷史與商鎮氣氛的川端就在以鬧區聞名的中洲旁邊，懷舊氣息濃厚的商店街也位在此。從這兒可步行前往「博多運河城」。

天神

てんじん

… P70～

九州最大的商業區，百貨公司、購物中心和辦公大樓都聚集在此，充滿活力。第一次來到福岡可先造訪這個地區。這兒也是前往九州各地的交通起點。

繞行福岡市的
敞篷雙層巴士&路線巴士

周遊觀光景點的「FUKUOKA OPEN TOP BUS」很有人氣。
如欲前往市區的觀光景點，除了地下鐵還可搭乘划算的路線巴士。

ふくおか おーぶん とっぷ ばす
FUKUOKA OPEN TOP BUS

搭乘敞篷雙層巴士參觀福岡！

繞行福岡市區觀光景點的雙層露天巴士。高約3.2公尺，幾乎可碰觸到行道樹，開放式的露天座位很有吸引力。周遊路線最有人氣的是「海濱百道路線」，另外繞行櫛田神社與福岡城遺跡等歷史景點的路線也頗受好評。

路線	有「海濱百道路線」、「博多市街路線」，以及繞行中洲等夜間景點的「福岡璀璨夜景路線」3種路線。※詳細路線有變動的可能。
預約	☎0120-489-939（九州高速巴士預約中心）
費用	所有路線皆為1540日圓※各路線的車票除了可搭乘該路線，也可當天不限次數自由搭乘福岡市規定區域內的一般路線巴士。
如何搭乘	①事先預約…前一天先電話預約，當天出發前20分鐘為止購票。②當天直接購票…到福岡市役所窗口購票。但需留意有可能已預約客滿。
發車處	「天神‧福岡市役所前」巴士站🏠福岡市中央区天神1-8-1福岡市役所本廳舍1F 🚇地下鐵機場線天神站14號出口步行4分 MAP 附錄P8E3
發車時間	視季節而異。請參照官網http://fukuokaopentopbus.jp

※路線內的◎表示巴士會停靠，可上下車。

推薦！ **搭乘海濱百道路線觀光**

📍 START!

天神‧福岡市役所前 ◎

1 福岡市赤煉瓦文化館

2 天神北LAMP入口

3 福岡Yahuoku！巨蛋‧福岡海鷹希爾頓飯店

4 福岡塔 ◎

5 大濠公園前 ◎

6 大濠公園福岡城遺跡 ◎

天神‧福岡市役所前 ◎

📍 GOAL!

露天式座位迎風觀光很舒服

起點站是「天神‧福岡市役所前」。上都市高速公路沿著海岸線欣賞風景，並繞行福岡塔與福岡城遺跡等福岡著名觀光景點，是最有人氣的路線。

FUKUOKA OPEN TOP BUS 🚌
海濱百道路線

博多灣

西公園IC　荒津大
西公園
MARIZON 海濱百道
福岡塔 ◎
百道IC
福岡YAHUOKU！巨蛋
福岡海鷹希爾頓飯店
海鷹城
大濠公園前 ◎
大濠公園
大濠池
大濠公園福岡城遺跡 ◎
唐人町
地下鐵機場線
西新
藤崎
N
500m

ふくおかたわー
福岡塔
平成元年（1989年）落成。高234公尺，是日本最高的海濱塔，也是福岡的象徵。（☞P97）

ひるとんふくおかしーほーく
福岡海鷹希爾頓飯店
擁有1053間客房，是日本客房數最多的都會型度假飯店。從正上方望去是一艘船的形狀。（☞P111）

多加利用
優惠票！

可以一整天自由搭乘穿梭在福岡市中心的西鐵巴士。平日1日乘車券620日圓，週六日、假日限定的HOLIDAY PASS 510日圓。
☎0570-00-1010(西鐵乘客中心)

ふくおかしあかれんがぶんかかん
福岡市赤煉瓦文化館

由明治時期的代表性建築家辰野金吾與片岡安所設計的建築物，被指定為國家重要文化財。1樓是福岡市文學館。 **MAP** 附錄 P8E2

自由上下車

福岡市中心的
優惠路線巴士

分為順時針與逆時針的路線，搭車前請先確認目的地

☎0570-00-1010(西鐵乘客中心)

以博多站・藏本・天神・藥院站前站所包圍的福岡市中心區域為100日圓巴士繞行區域。所有路線巴士都是搭乘1次100日圓。其中來回博多站～天神～博多運河城～博多站之間每天行駛的「100日圓循環巴士」，

以及限週六日、假日行駛，只會停靠主要巴士站的「天神LINER」都非常適合觀光利用。兩者皆分為順時針、逆時針路線，在博多站各有不同的上車處，得留意才不會搭錯。 (☞P136)

福岡都心「100日圓循環巴士」「天神LINER」路線
「天神LINER」也停靠的巴士站
福岡都心100日圓巴士繞行區域

ふくおかじょうあと
福岡城遺跡

由第一代福岡藩主黑田長政所建造，也是國家指定的歷史遺跡。又有「舞鶴城」之稱，春天是福岡著名的賞櫻景點。 **MAP** 附錄P2D3

てんじん・ふくおかしやくしょまえ
天神・
福岡市役所前

位在天神中央公園前綠意環繞的市役所。所內特別設有乘車券櫃檯。 **MAP** 附錄P5C2

100日圓循環巴士・天神LINER逆時針搭車處
博多巴士總站1F放大圖

高速巴士搭車處在3F

🔋 電梯
📶 手扶梯
往博多站前廣場步道

100日圓循環巴士・天神LINER順時針搭車處
博多站前博多口巴士站放大圖

觀光、美食、玩樂、購物⋯。
前往歡樂滿載的JR博多城

與九州新幹線全線開通同時落成，日本最大規模的車站大樓。
購物、美食、娛樂一網打盡。

博多站
介紹
PART1

JR博多城是什麼樣的地方

由「AMU PLAZA博多」、「博多阪急」、
「東急HANDS博多店」等進駐的車站大樓。
如果連同旁邊的大樓也算進去，總共有8大
設施，包括服飾與美食、電影院、各種魅力
十足的主題區、綠意盎然的樓頂庭園等，是
一處大人小孩都能同歡的複合式商業設施！
☎092-431-8484（JR博多城 AMU PLAZA博
多綜合服務中心）🏠福岡市博多區博多駅中央
街1-1 🕙視各店舖而定 🈡無休 🚉直通JR博多
站、地下鐵機場線博多站 🅿有簽約停車場
MAP附錄P6E～F4

あみゅぷらざはかた
AMU PLAZA博多

結合230家店舖
博多一大購物城

包括服飾、雜貨、美食等
各式各樣的230家店舖。
9、10F有「City Dining Kuten」、頂樓有「燕林廣
場」。

☎092-431-8484 🕙10～21時（餐飲樓層11～23時，部份店
舖除外）🈡無休

AMU PLAZA博多9・10F
していだいにんぐくってん
City Dining Kuten

想品嘗博多美食，
來這兒就對了

從福岡、九州的人氣店家，到全日本知名餐廳聚集在
9、10F兩個樓層，是一處不只吸引觀光客，就連當地
人都很喜愛的美食區。中午時段一些餐廳會出現大排
長龍的情形，建議提早前往。

☎092-431-8484 🕙11時～凌晨1時（部份店舖不同）
🈡無休

AMU PLAZA博多1～5F
とうきゅうはんずはかたてん
東急HANDS博多店

讓人愛不釋手的
齊全雜貨

約10萬項的雜貨全齊聚
在此，從調味料到明信片
等，有許多是與福岡及九
州有關的東西。很推薦來
此購買伴手禮。

☎092-481-3109（總機）
🕙10～21時 🈡無休

JR博多阪博多口B1F
はかたいちばんがい
博多1番街

博多的老餐飲街
有許多福岡的人氣店

從早上7點便開始營業，
有許多旅客會前來吃早
餐。一共有14家店舖，
種類豐富且價格也十分
便宜。

🈷各店舖不同 🕙7～23時（各
店舖不同）🈡無休

\ 這裡也值得參觀 /
大樓內外12處的藝術作品

博多站到處可見到的有田燒磁磚畫是對外公開招
募而來，約有2萬8000片，車站大樓本身就是藝術
作品（博多站ART PROJECT）。

充滿玩心
大樓內裝設了122台智慧型電子
看板，其中一部分還會隨人體
動作而反應，十分有趣。

行李可寄放在置物櫃
置物櫃很多，特別推薦的是位
在「City Dining Kuten」內的置
物櫃。只要在Kuten用餐便享有
3小時的免費寄物服務。

「燕林廣場」有雕刻家藪内
佐斗司的作品

頂樓	燕林廣場			
10F	City Dining Kuten		JR博多城會議室	10F
9F			T‧JOY博多　JR九州Hall	9F
8F				8F
7F	AMU PLAZA博多		博多阪急	7F
6F				6F
5F				5F
4F				4F
3F	東急HANDS博多店		新剪票口	3F
2F				2F
1F			新連絡通道	1F
B1F	博多1番街			B1F

つばめのもりひろば

燕林廣場

位在屋頂視野超群！
都會的綠洲

由著名的設計師水戶岡銳治一手打造的頂樓庭園，九州新幹線「つばめ」也是出自他的設計。這兒是免費休息處，逛累了或有外帶美食時可善加利用。

☎092-431-8484 ●10～23時 ●無休※遇雨天視情況關閉
●有簽約停車場

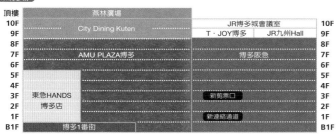

觀景露台

可360度眺望福岡市區的瞭望台，連福岡巨蛋等著名觀光景點都能清楚望見。夜景也非常迷人，很適合約會。

鐵道神社

位在頂樓祈求旅遊平安的神社，可來這裡拜拜保佑旅遊一路平安。通往神社的表參道左右兩側有一些商店，可小小體驗一下參拜氣氛。

伴手禮！

水戶岡銳治設計的小黑狗「Kuro醬」透明檔案夾 260日圓

あみゅえすと

AMU EST

JR博多站筑紫口
話題名店雲集

1樓有許多當下最流行的時髦雜貨店，地下1樓則是平價的時尚品牌，乃博多站目前最熱門的購物據點。

☎092-451-2561 ●10～21時 ●無休

はかたはんきゅう

博多阪急

服飾＆食品
獨具品味的百貨公司

集結尖端流行的少淑女樓層「HAKATA SISTERS」，以及網羅了大排長龍的甜點店與九州各地伴手禮店的地下食品樓層「うまちか！」都不容錯過！

☎092-461-1381 ●10～21時(5～8樓～20時) ●無休

はかたでいとす

博多DEITOS

筑紫口旁可靠的伴手禮＆美食區

一共分成4處美食區域，例如從必備伴手禮到博多限定的商品全齊聚在「みやげもん市場」，而匯集了九州美味拉麵的則是「博多めん街道」。

☎092-451-2561 ●8～23時
(視樓層及店舖有所不同) ●無休

てぃーじょいはかた

T‧JOY博多

車站直通！
以新設備觀賞電影

位在JR博多城9樓的次世代型複合式電影院。11座影廳全部採用最新設備，可以充分享受震撼力十足的影像與音樂娛樂。

☎092-413-5333 ●開始‧結束時間視電影而定 ●無休

まいんぐ

MING

緊鄰剪票口旁
有許多伴手禮店

位在博多站內1樓的購物區，可趁候車時的空檔買點東西，非常方便。「博多通りもん」等當地名點以及明太子等伴手禮應有盡有。

☎092-431-1125 ●9～21時
(視店舖有所不同) ●無休

在JR博多城發現的時尚九州小玩意兒！

博多站介紹 PART 2

使用九州材料製作，符合現代生活的工藝品、雜貨、食品等，博多城有好多令人想買回去犒賞自己的商品。

久留米絣口金名片包 Ⓑ
1404日圓
開口部分使用方型口金。斜開口設計方便取出名片

暇楽的香皂 Ⓐ
918日圓～
有薰衣草及蜂蜜、薄荷等，帶著天然香氣的手工皂。造型也很可愛。共10種以上

久留米絣化妝包 Ⓑ
1944日圓
無論幾個都不嫌多的便利化妝包。給自己或贈友都很合適。顏色、形狀種類豐富

久留米絣散步包 Ⓑ
4104日圓
久留米絣是在約200年前出現的福岡傳統編織工藝品。越使用越有味道的提包採縱長型設計，十分可愛，寬底部收納方便

調味味噌系列 Ⓒ
540日圓
位於福岡縣飯塚市的味噌製造廠「エビスみそ」所生產，可用來當成調味醬或沙拉醬的調味味噌

久留米絣手帕 Ⓑ
756日圓
觸感舒服100%純棉製造的手帕。吸水性很好，越用越柔順讓人愛不釋手

暇楽 Ⓐ
からく

位在糸島市的人氣香皂工房。溫和的香皂是以橄欖油為基底，再加上當地天然材料做成的，從小孩到老年人都能安心使用。
☎092-461-1381 ⊕10～20時
休無休 交直通JR博多站、地下鐵機場線，博多阪急7樓
MAP附錄P6E～F4

儀右ヱ門 Ⓑ
ぎえもん

將福岡縣筑後地區農民編織出來的傳統工藝品久留米絣推向全日本，並融入現代化設計的品牌。
☎092-461-1381 ⊕10～20時
休無休 交直通JR博多站、地下鐵機場線，博多阪急7樓
MAP附錄P6E～F4

想要尋找美食可到「いっぴん通り」！

如果想要買些Made in九州的美食，可到AMU PLAZA博多（☞P44）1樓的「いっぴん通り」，有許多甜點和美味便當。位在JR博多站筑紫口剪票口附近，地點方便。

☎092-431-8484 **MAP** 附錄P6E4～F4

HASAMI BLOCK MAG **D**
各1620日圓
來自長崎縣波佐見的時尚品牌。顏色獨特漂亮，馬克杯可重疊收納，實用性也無可挑剔

小石原燒
淺盤 **D** 3908日圓
由美食行銷專家長尾智子與14間小石原燒的燒窯場攜手合作而成。傳統的紋路至今人氣不衰

博多奉用手帕 **C**
1條1080日圓
福岡傳統工藝·博多織的獻上圖案手帕。曾得過福岡產業設計大賽的獎勵賞

博多曲物
木製便當盒 **D**
3780日圓（雙層式）
將杉木或檜木的薄板彎曲並用櫻花木樹皮固定的"曲物"是已流傳300年以上的傳統工藝。最大特色是其優秀的吸濕性

醬油噴霧 **C**
各540日圓
100%使用福岡縣產福豐大豆及縣產筑後泉小麥釀造而成的特級本釀造醬油，設計成噴霧瓶可放在餐桌上使用

俄羅斯娃娃
西鄉隆盛（和服）**C**
各3780日圓
鹿兒島偉人——西鄉隆盛造型的可愛俄羅斯娃娃。一個個打開到最後出現的是他的愛犬

伊萬里燒咖裡 **C**
648日圓
這可是由佐賀縣高中生研發出來的調理包商品。辛辣的塊狀伊萬里牛咖哩口味很道地

とうきゅうはんずはかたてん
東急HANDS博多店 **C**
眼光精準的採購從九州各地蒐集來的雜貨和琳瑯滿目的食材。想找尋有趣且特別的九州商品可來這兒尋寶。
☎092-481-3109（代）🕙10～21時 休無休 🚇直通JR博多站、地下鐵機場線博多站，JR博多城1～5樓 **MAP** 附錄P6E～F4

ときねり
tokineri **D**
從雜貨到家具都有，有許多即便年代久遠仍然美麗不減，且豐富了我們日常生活的優質商品。
☎092-413-5338 🕙10～21時 休無休 🚇直通JR博多站、地下鐵機場線博多站，AMU PLAZA博多7樓 **MAP** 附錄P6E～F4

📖 福岡是著名的酒產地。博多阪急（☞P45）地下1樓（うまちか！）各種酒類豐富。

想要品嘗九州美食
那就到City Dining Kuten！

從福岡當地到九州各地的知名餐廳都聚集在9、10樓！
達成遊客想飽嘗新鮮魚類的願望。

有散狀明太子、花枝
明太子、鹽麴花枝柚
子等美味料理。可搭
配獨家的芋燒酒享用

午餐限定的「現做玉子燒御膳」1480
日圓

午餐使用釜鍋，
晚餐則是用單人
鍋來煮白飯

店長・浦岡先生

〈加碼推薦〉
土鍋炊飯 720日圓～

午餐1230日圓～
晚餐3600日圓～

9F

ごはんや しょぼうあん

ごはん家 椒房庵

人氣明太子店經營的餐廳

明太子專賣店「椒房庵」直營的餐
廳，不少藝人也都是粉絲。不用說
這兒的主角就是現煮的白飯與明太
子了。明太子口味分成中辣、柚子
味、昆布醃漬等。中午有數種御膳
可選擇，晚上則是可以單點肉類、
魚類等很下飯的九州料理。另提供
幾種用當地生產的白米做成的福岡
產日本酒。以三種福岡當地酒組成
的品酒套餐880日圓也很有人氣。

☎092-409-6611 ⏰11時～15時30分LO、
17～22時LO 休無休 MAP 附錄P6E～F4

店內採時尚風格設計

10F

すがのや

菅乃屋

品嘗熊本名產馬肉

高蛋白質、低卡路里，廣受女性喜愛的
馬肉料理專賣店。在自家牧場採一貫作
業飼養、出貨的新鮮馬肉，肉質柔軟且
不油膩，令人驚艷。從生馬肉到燒烤、
燉煮、煎炸、壽司、火鍋等菜色，非常
豐富。午餐1500日圓～，晚餐則有全餐
可供選擇。

☎092-413-5117
⏰11～22時LO
休無休 MAP 附錄
P6E～F4

有桌位及和式座位

〈加碼推薦〉
馬肉水菜鍋2400日圓
生馬肉拼盤（三種）1950日圓
午間櫻花迷你懷石3600日圓

可吃到各種部位的生馬肉拼盤

一定要嘗試的馬肉水菜鍋！

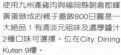

「かしわ屋源次郎」
的親子蓋飯
很美味

使用九州產雞肉與福岡縣朝倉郡輝黃蛋做成的親子蓋飯800日圓是一大絕品！有清淡元祖味及濃厚醬汁2種口味可選擇。位在City Dining Kuten 9樓。
☎092-477-9408 MAP附錄P6E～F4

10F

とくとく
トクトク

想吃鮮魚就來這裡

總店在福岡海港邊的人氣餐廳。從長濱的市場直接送過來的鮮魚種類豐富，生魚片拼盤（8片生魚片）1人份只要1200日圓！中午除了定食外，另有九州名產生魚片「胡麻鯖魚」等。

☎092-409-6933 ⏰11～15時LO、17時～23時30分LO（週五六、假日前日～24時LO）休無休 MAP附錄P6E～F4

生魚片份量豐盛（照片為2人份）

鮑魚排、沙丁魚漢堡肉等也很美味

〈加碼推薦〉
刺身拼盤1人份1200日圓
鮑魚排2100日圓～
沙丁魚漢堡肉870日圓

晚上變身為熱鬧的居酒屋

顏色鮮豔的磯らぎ海鮮蓋飯

醃漬過的鮮魚加上香氣濃郁的茶很對味

〈加碼推薦〉
磯らぎ海鮮蓋飯1890日圓
博多海鮮蓋飯1590日圓
鯛魚茶泡飯1790日圓

店內很乾淨

9F

かいせんどん・ちゃづけ いそらぎ
海鮮丼・茶漬 磯らぎ

享用顏色鮮豔的蓋飯、茶泡飯

滿滿盛裝著福岡當季鮮魚的海鮮蓋飯1590日圓～，以及口味清淡的茶泡飯1160日圓最有人氣。都想嘗試的人可以選擇蓋飯與茶泡飯兩種兼具的二色蓋飯套餐1590日圓。店裡頭亦販賣碗和手帕等雜貨，也可買來當伴手禮。

☎092-409-6637 ⏰11～22時LO 休無休
MAP附錄P6E～F4

9F

きゃんべる・あーりー
キャンベル・アーリー

各種水果琳瑯滿目

由福岡水果老店直營的餐廳。有覆蓋著滿滿當季水果的聖代以及鬆餅，也有無酒精的調酒可品嘗。宮崎產芒果聖代2500日圓等季節限定甜點不容錯過。

☎092-409-6909 ⏰11時～22時30分LO
休無休 MAP附錄P6E～F4

裝滿水果的聖代880日圓～

彷彿置身森林露臺咖啡

〈加碼推薦〉
焦糖香蕉
鬆餅950日圓
水果聖代980日圓
香蕉蛋糕680日圓

隨季即變化的調酒

"OISSA" 吆喝聲響徹雲霄
博多人的夏日祭典——博多祇園山笠

博多的夏天隨著山笠一起到來。
先了解這個宣告夏季來臨的祭典所蘊含的歷史與習俗，在當日盡情享受吧！

山笠的歷史

博多祇園山笠是每年7月在福岡市博多區舉辦的祭典。這是博多總鎮守・櫛田神社（☞P59）的祭祀法事，也被指定為國家重要無形文化財。山笠的起源說法眾多，一般廣為流傳的是承天寺開山祖師・聖一國師在仁治2年（1241）時，為了消除疾病而坐上被稱為施餓鬼棚的祭壇，將祈禱水灑向民眾而來的。與除厄去災的祇園復興結合而成山笠法事，於2014年已舉辦773次了。在漫長的歷史中不斷重複著興衰交替，終至變化為今日面貌。從前是緩慢扛著約高15m的大型山笠前進，不知從何時開始已變成競相較勁速度了。這是一項靠著當地居民同心協力傳承至今的祭典。

裝飾山笠登場

每年到了7月1日就是裝飾山笠在各地登場的日子，博多街道清一色都是山笠。各山笠繞行的地區會舉辦淨身法事祈求祭典期間的平安。各輪值的町也會舉行「御汐井取」儀式，從這一天開始整個市區逐漸變得熱鬧，連觀光客都不禁興奮起來。「御汐井取」是前往位在東區的箱崎濱，用小容量的升裝取被稱為「御汐井」的沙子，放進一種叫做「TEBO」的竹籠後帶回來的儀式。裝飾山笠不只在博多地區，天神及海鷹城等市內各地共14處皆會擺設展示。面對櫛田神社的是正面「表」，背面則是「見送り」，分別由博多人偶師製作豪華絢麗的人偶裝飾其上。正面是武士，背面多半為童話故事或動畫中的人物。

飾山笠的高度約10m

【山笠小知識】

①從手巾分辨職責
頭上包的手巾用來代表職責。一般參加祭典的人每年手巾都不一樣，但用來分辨職責的手巾則每年都相同。

②為何在4時59分開始？
只有第一座山笠在進入櫛田神社後會合唱「博多祝賀歌」。因為需唱1分鐘，所以時間往前推1分鐘，因此第二座山笠出發時間是在6分鐘後，第三座之後每5分鐘出發。

③山笠的各裝飾結束後如何處理？
根據各流派不同有些會捐贈給學校或各機關，但基本上只要一結束山笠便會拆掉，隔年再製作新的人偶。

【山笠日程表】

7月1日
公開展示裝飾山笠，舁山停放處週
邊除厄淨化法事，御汐井取（輪值
町）

7月9日
御汐井取 到東區的箱崎濱取淨身用
的沙子

7月10日
流舁 各流派在其區域內進行山笠繞
境

7月11日
朝山與流舁（傍晚）又被稱為弔問
山、祝儀山、緣起山，每個流派都
不同

7月12日
追山笠預演15時59分開始進行15
日的預演

7月13日
山笠集體展示15時30分從吳服町十
字路口開始

7月14日
流舁

7月15日
追山笠 4時59分開始。壓軸。由第
一座山笠依序進入櫛田神社，之後
出神社繞行5公里抵達終點
洽詢☎092-291-2951（櫛田神社）

山笠的服裝

衣服有2種。扛山笠時著丁字褲外
加一種稱為「水法被」的短祭典
服。除此之外的活動期間則穿長祭
典服「長法被」做為正式服裝。法
被按照流派及町的不同，共區分成
數十種模樣，有代表其所屬團體的
功用。長法被幾乎是使用紺織
布，水法被則是紺織及染上文字或
圖案的棉布做成的。

織稱做「流」，是由十多個町所組
成的，此乃來自於豐臣秀吉時代的
街町劃分，現在主要由7個流派共
同策劃舁山笠。

短祭典服

手巾

水法被※

肚兜

兜襠布

舁繩

護腿布

二趾鞋襪

※花紋視町內而異

從7月10日起開始進入高潮

從10日到15日6天期間，在博多市
區可見到扛著山笠的壯漢英姿。實
際上繞境用的「舁山笠」會比裝飾
山笠來得小一點，高約4.5m，重
達1公噸。約30位身穿丁字褲的壯
漢們前後扛著山笠，一路潑著水奮
力奔馳在街道上，近距離觀看場面
真是震撼又壯觀。舉辦舁山笠的組

追山路線圖

━ 追山·追山笠預演路線
━ 山笠集體展示路線
🔴 裝飾山笠
🔴 追山笠預演
終點

天神北出入口

呉服町出入口
千代縣廳口
千代流
山笠集體展示
出發地
吳服町
東流
博多Riverain
中洲川端
川端中央街
上川端通
中洲流
櫛田神社
昭和通
祇園
中洲川端
出發地
JR博多站
天神
福岡市役所
天神中央公園
天神一丁目
那珂川
博多運河城
博多駅商店連合会
往赤坂方向
新天町
SOLARIA
警固公園
西鐵福岡（天神）站
天神南
地下鐵七隈線
202

N
300m

往吉塚站方向
JR鹿兒島本線
往福岡機場
地下鐵機場線

要到哪裡觀看？

若是第一次觀看山笠，建議選擇一次可
看到7個流派山笠的7月12日「追山笠
預演」、13日「山笠集體展示」、以及
15日「追山笠」。最具震撼力的是15
日的「追山笠」。清晨4時59分，隨著
太鼓的響起，第一座山笠開始在櫛田神
社內繞境，之後各山笠也依序出發，出
神社之後便使出全力奔馳5km到終點。
當天5點左右櫛田神社附近將會湧進大
批人潮，水洩不通之下很難好好欣賞，
建議到大博通等大馬路參觀較為安全。
追山笠預演及追山笠的當天，櫛田神社
會在社內備有數席座
位，每年6月26日開
放座票預購，非常受
歡迎，通常都是立即
銷售一空。

重點看過來！
日落之後到中洲的
屋台&BAR體驗一下
中洲面貌十分多樣。好
好享受中洲的夜晚吧。
（☞P16·64）

重點看過來！
新舊商店混合，
散步逛街很有趣
這裡有中洲ぜんざい（☞
P59）及櫛田のやきもち
（☞P59）等美食店

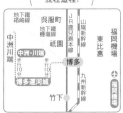

重點看過來！
漫步在博多
古老氣息濃厚的區域
櫛田神社内可以參觀博多
祇園山笠的裝飾山笠
（☞P59）

中洲·川端
就在這裡！

不只夜晚，連白天都十分熱鬧而魅力無窮

中洲·川端
なかす·かわばた

在「博多町家故
鄉館」發現的博
多おは磁鐵

是這樣的地方

九州最大的鬧區——中洲。隨著日落時分，
那珂川河面上開始輝映著閃爍霓虹燈，河川
沿岸的屋台也陸續營業。川端地區有著博多
總鎮守櫛田神社，保有博多古老氣息的景點
也點綴其間。「博多運河城」也緊鄰中洲，
再加上東大樓，這兒越來越受到注目。

a c c e s s

●從博多站
搭乘地下鐵機場線前往中洲川
端約3分。到博多運河城下車後
約步行10分，也可在博多巴士
總站搭乘西鐵巴士在博多運河
城前下車約5分。「100日圓循
環巴士」請參照P42。

洽詢 博多站綜合服務處
☎092-431-3003
廣域 **MAP** 附錄P6·7

~中洲・川端 快速導覽MAP~

櫛田神社
(☞P59)

博多運河城
(☞P54)

JR博多城
(☞P44)

AMU PLAZA博多・
T・JOY博多・
東急HANDS博多店・

博多阪急
(☞P45)

MING
(☞P45)

博多DEITOS
(☞P45)

中洲・川端

有許多具有歷史的寺院
大博通和御笠川之間有承天寺等歷史悠久的寺院。

車站周邊有很多高級飯店
站前有許多飯店林立，要等人或休息都很方便。

觀光的提要
白天觀光可到川端地區
中洲較適合夜晚旅遊。白天要觀光建議到充滿博多商鎮氣息濃厚的川端地區，可感受到從前的博多氛圍。

周邊的地標建築

1 JR博多城
2011年開幕的新車站大樓。有「AMU PLAZA博多」與「博多阪急」等。（☞P44）

2 博多阪急
博多與九州伴手禮種類豐富的百貨公司。有許多高級專櫃可去逛逛。（☞P45）

3 博多運河城
有很多商店與美食餐廳、飯店、劇場等，是一處集各種娛樂設施於一身的複合式大樓。☞P54）

4 櫛田神社
博多的總鎮守，也是夏季大祭典博多祇園山笠所祭祀的神社，幾乎一整年都會展示裝飾山笠。（☞P59）

距離車站最近的娛樂城 博多運河城的設備越來越充實！

運河流經其中，散發清爽氛圍的博多運河城。
來到這兒就要花時間逛逛引起話題的店舖和享用人氣美食。

きゃなるしていはかた
博多運河城

結合多項娛樂設施的複合式商場

交通方便的商業設施，從博多站與天神站步行前往皆只需10分。環繞著運河，除了有許多造成話題的店舖外，還有電影院及劇場，可說是應有盡有。只要來到這裡必能感受到最流行的福岡，一整天逛下來都不會膩。

☎092-282-2525（資訊服務處）
住福岡市博多区住吉1-2 ⏰10～21時（餐飲業11～23時。視店舖有所不同）休無休 交地下鐵機場線中洲川端站步行10分 P1300輛（30分200日圓）MAP附錄P7B4

◀約270家以上的店舖林立

CANAL CITY HAKATA 2014©FUKUOKAJISHO.

Center Walk 4F
ゆないてっどしねまきゃなるしていさーてぃーん
聯合影城運河城13

規模驚人的IMAX數位電影院

音響與螢幕充滿震撼力的電影院。所有影廳的椅子都已重新更換過，坐起來非常舒適，可度過優質的鑑賞電影時光。

⏰開館・閉館視電影時間有所不同
休無休

高椅背設計坐起來很舒服

Center Walk 5F
らーめんすたじあむ
拉麵博物館

全日本的話題拉麵店齊聚一堂！

在此可吃到全日本的人氣拉麵，一開幕就廣受好評。有8間會不定期更換店舖，所以品嘗新店舖美味也是來這兒的樂趣之一。

⏰11時～22時30分LO 休無休

煎餃與叉燒拼盤等，各店舖菜色豐富，有許多當地人下班後會來這兒果腹

各家店都推出迷你拉麵420日圓

平日18時起，拉麵博物館居酒屋登場！

平日18時以後，「拉麵博物館」中央便會擺上許多椅子，宛如變身為居酒屋。配酒的單點小菜種類也很多，大家聚在這兒歡樂好不熱鬧。

※有不定期公休

運河城的招牌人物？
「An9-PR」

日本第一個可自行走的電子看板機器人。圓潤可愛的機體，搭載數面螢幕及電子看板，當人接近時便會以可愛的聲音做介紹。採觸控式的操作，易於查詢資訊。共有三台同時運作中。

ぐらんど はいあっと ふくおか
福岡君悅酒店

奢華的飯店住宿

客房統一採時尚設計，充滿華麗氣氛。可眺望運河的沙發酒吧等餐廳設備齊全。☎092-282-1234 ¥單人房19440日圓～、雙床房29160日圓～

可近距離觀看噴水秀

さんぷらざすてーじ
太陽廣場

噴水秀絕不能錯過！
素雅的戶外舞台

位在運河中央，每天都會舉辦各種現場演唱或街頭藝人表演等活動。每天10～22時的整點及30分鐘整點都會有噴水秀。

夜晚點燈後變得很浪漫

いーすとびる
東大樓

集結了世界人氣品牌的流行時尚大樓

除了有「H&M」及「ZARA」等世界人氣服飾店，還有大型的「UNIQLO」和「Francfranc」店。也有來自福岡的麵包店。

長滿常春藤的外觀令人印象深刻。青蛙雕像在門口迎接客人

きゃなるしてぃげきじょう
運河城劇場

可盡享日本國內外娛樂世界的大型劇場

擁有最新設備，力求讓觀眾能舒適觀看的劇場。可體驗充滿臨場感的戲劇以及音樂劇等各種表演。

擁有1144個座位，是福岡首屈一指的劇場。北大樓4F

博多運河城

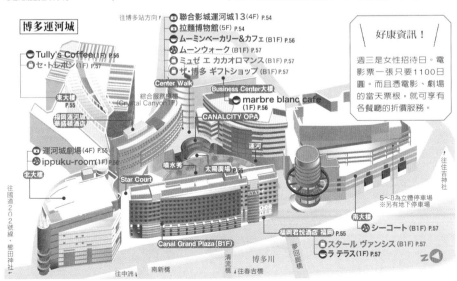

往博多站方向→
- 📽 聯合影城運河城13 (4F) P.54
- 🏛 拉麵博物館 (5F) P.54
- 🍞 ムーミンベーカリー＆カフェ (B1F) P.56
- 🎵 ムーンウォーク (B1F) P.57
- 🛍 ミュゼ エ カカオロマンス (B1F) P.57
- 🛍 ザ・博多 ギフトショップ (B1F) P.57

Tully's Coffee (1F) P.56
セ・トレボン (1F) P.57

Center Walk

Business Center大樓

綜合服務樓層
(Crystal Canyon 1F)

marbre blanc cafe (1F) P.56

東大樓 P.55

福岡運河城華盛頓酒店

CANALCITY OPA

運河城劇場 (4F) P.55
ippuku-room (1F) P.56

運河

北大樓

噴水秀 太陽廣場 P.55

Star Court

往住吉神社

5～8為立體停車場
※另有地下停車場

南大樓

シーコート (B1F) P.57

福岡君悅酒店 福岡 P.55

Canal Grand Plaza (B1F)

スタール ヴァンシス (B1F) P.57
ラ テラス (1F) P.57

往國道202號線、櫛田神社↓

博多川

清流橋 往春吉橋

南新橋

往中洲↓

夢回廊橋

從拉麵博物館所在的Center Walk如要到東大樓可走2F的通道，十分方便。

在博多運河城歇歇腳
品嘗令人雀躍的甜食&外帶甜點

博多運河城共有60家以上的美味甜點店！
在此介紹一些逛累了可進去休息的咖啡廳及可外帶的店舖。

在咖啡廳休憩

Business Center大樓1F
まーぶる ぷらん かふぇ

marbre blanc cafe

鬆軟的可麗餅令人食指大動！

到咖啡廳來一份現烤Q彈的可麗餅吧。裝飾得色彩繽
紛且豐盛，約有30種類可外帶。

☎092-273-2798 ◷11～21時 休無休 MAP附錄P7B3

以白色為基調的寬敞店內

馬卡龍聖代670日圓
有兩種冰淇淋與水果

草莓牛奶脆片&餅乾
奶油冰淇淋864日圓

東大樓1F
たりーずこーひー

Tully's Coffee

與在地法式甜點店攜手合作！

Tully's Coffee與福岡的人氣法式甜點「アルデュー
ル」（☞P106）合作的新型態咖啡廳。可來一份獨
創的聖代或馬卡龍搭配嚴選紅茶享用。

☎092-263-8757 ◷8～22時 休無休 MAP附錄P7C3

想在公共空間
歇息的話

北大樓B1F
いっぷくるーむ

ippuku-room

大家來歇歇腳吧！

以玻璃做隔間，分成吸煙與
非吸煙的休息區，讓每個人
都能在此歇歇腳。

Center Walk B1F OPA
むーみんべーかりー&かふぇ

ムーミンベーカリー&カフェ

有如進入童話世界般的咖啡廳

以芬蘭的卡通人物「嚕嚕米」為主題
的咖啡廳，有各種印有卡通人物的可
愛甜點及麵包。另附設專門外帶的飲
料區。

☎092-263-2626 ◷10～22時 休無休
MAP附錄P7B3

©Moomin Characters™

店內可愛的裝飾令人目不
轉睛

有著嚕嚕米臉型
的超可愛鬆餅821
日圓，15～21時之
間的限定甜點

在飯店大廳享受上等的下午茶時光！

位在福岡君悅酒店大廳的Lounge「LA TERRASSE」。春天的草莓等隨季節變換主題的下午茶2160日圓很受歡迎。
☎092-282-2803

※圖為2014年夏天主題

杏仁可頌248日圓（左）、脆皮捲麵包194日圓（右）

東大樓1F
せ・とれぼん
セ・トレボン
在當地頗受歡迎的道地麵包店
硬式現烤麵包很有人氣，也有三明治類可選擇。
☎092-283-2650 ⏰8～21時 休無休
MAP附錄P7C3

福岡君悅酒店B1F
すたーる ゔぁんしす
スタール ヴァンシス
出自飯店之手的上等甜點
有很多講究材料的麵包及充滿季節感的甜點。
☎092-282-1234（總機） ⏰11～20時 休無休 MAP附錄P7B3

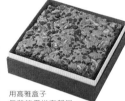

用高雅盒子包裝的君悅布朗尼蛋糕1134日圓，香蕉的香氣與巧克力片很對味

要外帶可來這兒

蛋糕柔軟蓬鬆。蛋糕捲 キャナロール 1080日圓很有名

Center Walk B1F OPA
みゅぜ え かかおろまんす
ミュゼ エ カカオロマンス
老字號巧克力專賣店的甜點
位在福岡高級住宅區——淨水通的老甜點店。泡芙180日圓也很受歡迎。
☎092-263-2506 ⏰10～21時 休無休 MAP附錄P7B3

想在公共空間歇息的話

南大樓B1F
しーこーと
シーコート
有如海邊的休憩空間
位在南大樓，有如海邊般的公共休憩區。逛街購物累了，最適合來大陽傘底下休息一番。

Center Walk B1F OPA
ざ・はかた ぎふとしょっぷ
ザ・博多 ギフトショップ
博多的著名點心、名產齊聚一堂
明太子、燒酒等，只要來到這兒一定能找到令人滿意的博多伴手禮！
☎092-263-2205 ⏰10～21時 休無休 MAP附錄P7B3

與麵包和沙拉口味都很搭的豚骨美乃滋432日圓

想在公共空間歇息的話

Center Walk B1F
むーんうぉーく
ムーンウォーク
綠意盎然的休憩處
位在運河旁的長板凳區，周邊栽植了許多樹木

口味特別的B級零食——明太子糖果360日圓

博多運河城除了可吃到福岡新鮮海產，也有許多能品嚐美味午餐的店。

感受懷舊的博多老街 半天
在中洲・川端漫步

中洲・川端至今仍保有老街氣息。
來到夾在大樓間的老街，進行一趟歷史與文化之旅吧。

參拜歷史寺院和神社
可帶來好運

1 9:00 START!

とうちょうじ
東長寺

莊嚴肅穆的木雕大佛與
色彩鮮艷的五重塔

弘法大師（空海）所創建的寺院。建
造於大同元年（806），也是福岡藩主
黑田家的菩提寺。非看不可的是日本
最大木雕釋迦坐像之福岡大佛，以及
為了紀念創建1200年而打造的朱紅色
五重塔。供奉著6尊佛像的六角堂會在
每個月28日開放參拜。

☎092-291-4459 住福岡市博多区御供所町
2-4 寺內自由參觀 交地下鐵機場線祇園站
步行1分 P無 MAP附錄P7C1

2011年5月完工的
純木造五重塔

在大都會中
也有充滿歷史
氣息的一面呢～

福岡大佛的下方有通道，可免費體驗通往
地獄、極樂世界之路

希望真言宗能往東持續發揚光大，
因而命名為東長寺

步行
5分

2 10:00

はかたまちやふるさとかん
「博多町家」故鄉館

慢慢回到從前博多文化誕生的時代

可參觀博多文化的一處景點。這兒是將明治
中期的商家移建過來並加以修復，完整重現
明治、大正時代生活的故鄉館，也能見到博
多織等實際演練。可在工藝品種類眾多的藝
品店挑選伴手禮。

☎092-281-7761 住福岡市博多区冷泉町6-10 Y
門票200日圓 ⊙10～18時（最後入館時間為17時
30分）休12月29～31日 交地下鐵機場線祇園站步
行5分 P無 MAP附錄P7B2

保有從前美好時代的懷舊
氣氛

將博多名產做成了可愛磁鐵。
博多よかとこおは磁鐵1個518
日圓～

白牆與格子窗
的風雅建築

11:00 3

はかたでんとうこうげいかん
博多傳統工藝館

可感受到工匠技術的美麗工藝品

這兒展示著許多博多與福岡、博多相關的傳統工藝品。除了博多織與博多人形，也能參觀縣特產民工藝品的歷史與製作過程。1樓有喫茶處。

☎092-409-5450 住福岡市博多区上川端町6-1 ¥免費參觀 ⏰10～18時(最後入館時間為17時30分) 休週三(逢假日則翌日)、12月29日～31日 交地下鐵機場線祇園站步行5分 P無 MAP附錄P7B2

逼真到彷彿要動起來的博多人形

2011年4月開幕，另有一處舉辦各種活動的展覽室

參拜完神社回程可去吃烤麻糬

肚子要是餓了可以到位在櫛田神社南門的「櫛田のやきもち」。表皮烤得酥硬的麻糬裡頭，包的是美味的甜紅豆餡。1個120日圓。

☎092-271-7618 MAP附錄P7B2

在奈良時代便創建的神社

裝飾山笠在山笠祭典結束後便會拆解，只有櫛田神社會留下來展示到隔年6月初

步行即到

11:30 4

くしだじんじゃ
櫛田神社

以保佑生意興榮、長壽不老聞名的著名鎮守

有"御櫛田桑"暱稱，廣受愛戴的博多總鎮守。這兒也是博多祇園山笠(☞P50)所祭祀的神社，神社內幾乎一整年都展示著裝飾山笠。樹齡高達千年以上的神木等景點也不少。附設博多歷史館。 ¥門票300日圓 ⏰10～17時(最後入館時間為16時30分) 休週一(逢假日則翌日)

☎092-291-2951 住福岡市博多区上川端町1-41 交神社內自由參觀 交地下鐵機場線祇園站步行7分 P50輛 MAP附錄P7B2

GOAL！

12:00 5

はかたあかちょこべ
博多あかちょこべ

在菜單充滿個性的烏龍麵居酒屋享用午餐

混了小麥胚芽自製而成的烏龍麵條是博多名產。美味的湯頭乃用京都特地採購而來的食材做成的。另有沖繩料理及西班牙料理。

☎092-271-0102 住福岡市博多区冷泉町7-10 ⏰11時30分～15時、18～21時 休不定休 交地下鐵機場線祇園站步行5分 P無 MAP附錄P7B2

步行即到

元祖乾咖哩烏龍麵720日圓。加入湯頭又是不同的美味

醒目的町家風格建築物

步行1分

步行3分

13:00 6

なかすぜんざい
中洲ぜんざい

在古早味的甜點店放鬆一下

香香的烤麻糬與北海道產的大納言紅豆湯可說是絕配，與鹽味適中的海帶莖也很搭。夏天限定的刨冰600日圓很有人氣。

☎092-291-6350 住福岡市博多区上川端町3-15 ⏰11～18時 休週日、假日 交地下鐵機場線祇園站步行7分 P無 MAP附錄P7B2

紅豆麻糬湯500日圓，細心熬煮的紅豆帶著純樸的甜味

步行3分

14:30 7

はかたかわばたしょうてんがい
博多川端商店街

抵達充滿博多商鎮風情的商店街

約400m的拱型屋頂商店街裡共有130家商店林立。這兒還保有濃濃的博多人情味，可在此逛街並體會一下懷舊氣息。

☎092-281-6223(上川端商店街)、092-281-0222(川端中央商店街) 住福岡市博多区上川端町 休視店鋪有所不同 交地下鐵機場線中洲川端站下車即到 MAP附錄P7A2

在山笠祭時會展示繞行用的裝飾山笠

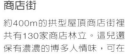

中洲・川端●漫步在懷舊的老街─中洲、川端

 櫛田神社周邊還保有許多可感受到從前博多商鎮氣息的街道，也有一些介紹博多歷史與文化的設施。

59

高水準的成熟風味餐廳
到西中洲享用一頓特別的晚餐

位在天神與中洲之間的西中洲，是一處具有獨特氣氛及魅力的街道。
要不要來這兒度過一段與平常不同感覺的晚餐時光呢？

前菜
前菜拼盤
鰹魚和水菜佐塔塔醬、
安納芋與菇類餡塔、
蝦夷鹿肉凍、
天然鯛魚之義式刺身沙拉

主菜
匈牙利產烤綿羊豬肉
將厚實的肩里肌用炭火烤過，
佐以黑胡椒蜂蜜醬汁享用

1

法國菜

ら めぞん どぅら なちゅーる ごう
La Maison de la Nature Goh

▬ 可感受到用心的極致服務
頂級法國菜的饕客源源不絕

餐廳採開放式廚房設計，隨處可見
主廚福山剛的用心。菜單只有主廚
全餐一種，每一道都是費工夫將當
季食材發揮到淋漓盡致的易入口美
食。配合每位客人的體貼服務已有
一定好評，例如會根據所搭配的飲
品在調味方面做調整，服務可說是
纖細入微。空間雖小，但極品美食
與設計得當的舒適空間都緊抓住客
人的心。

☎092-724-0955 █福岡市中央区西中
洲2-26 ●18～24時 █週日 █無 █地
下鐵七隈線天神南站步行5分 █MAP█附錄
P8F3

┈┈┈┈┈ 加碼推薦 ┈┈┈┈┈
❖主廚全餐❖
5400日圓
❖特別全餐❖
7560日圓

❖單杯葡萄酒864日圓～❖
❖瓶裝葡萄酒3780日圓～❖

前菜
油封鵝肝醬搭配黑無
花果的布里歐許三明
治。一道又甜又濃
郁的美食

前菜
蕪菁菜凍佐松葉蟹與
海膽凍。像布丁般的
口感

主菜
牛眼鯰與軟翅仔的馬
賽魚湯。滿滿的海鮮
美味

甜點
朋里維克乳酪蛋糕。
帶有洗浸乳酪獨特風
味的蛋糕

只有18個座位，最好先預約

佐賀牛之網燒沙朗肉
4200日圓、胡麻鯖魚
1200日圓等，皆使用
九州產食材

中洲的風情　閃耀的霓虹燈

中洲是九州最大的鬧區，倒映在那珂川水面上的璀璨霓虹燈非常美麗。那珂川通一帶的「福博邂逅之橋」（☞P79）有一些長凳子，許多微醺的人會來這兒醒酒，也成為大家休憩之處。

日本料理

きっか

喜家

堅守食材的和風美味料理

使用的是簽約農家的蔬菜以及專用農地種植的稻米，可嘗到費時做出來的九州鄉土美食。燒酒隨時備有300種以上，一年下來約提供了500種。日本酒一年則有200種左右。

☎092-737-1770 住福岡市中央区西中洲2-14 ⏰17時～凌晨3時 休不定休 P無 交地下鐵七隈線天神南站步行5分 MAP附錄P8F3

加碼推薦

✣主廚全餐✣
6000日圓～
✣鹿兒島牛鍬馬鈴薯燒肉✣
3000日圓
✣鱉肉前煮✣
1500日圓

有很多喜愛道地口味的饕客前來

布列塔尼產烤綠頭鴨
（全餐之一）

香煎當地鮮魚　佐季節蔬菜與水果醬（全餐之一）

加碼推薦

✣全餐✣
8000日圓
✣季節前菜✣
2800日圓
✣瓶裝葡萄酒✣
5250日圓～

法國菜

れざんどーる

Raisin d'Or

高級的法式餐廳

可品嘗在法國研修過的主廚做出來的養生法國菜，以及侍酒師自豪的約300種葡萄酒。曾獲得2014年7月出版的米其林指南1顆星。

☎092-724-6500 住福岡市中央区西中洲2-25 STAGE1西中洲1F後 ⏰17時30分～23時LO（酒吧至凌晨1時）休週日 P無 交地下鐵七隈線天神南站步行5分 MAP附錄P8F3 ※服務費10%

義大利菜

ぐらーつぃあ

GRAZIA

無論晚餐還是酒吧皆能享受優雅時刻

大量使用有機無農藥、少農藥蔬菜及海鮮的義大利餐廳。有不少可單點的美味菜色。2樓是以葡萄酒為主的酒吧。

☎092-761-1336 住福岡市中央区西中洲3-5 ⏰18～22時LO（酒吧至凌晨2時LO）休週日 P無 交地下鐵機場線中洲川端站步行5分 MAP附錄P8F3

本日的義式水煮魚（時價）

加碼推薦

✣鵝肝醬與奶油乳酪酥✣
1680日圓
✣拿坡里風通心麵✣
2100日圓

布列塔尼產烤
綠頭鴨胸肉佐紅
酒醬。8000日圓全
餐之一

📖 在西中洲如果要續攤，可以到河川沿岸的酒吧如「Bar＆Dining Mitsubachi」（☞P64）等，可欣賞中洲的夜景。

入夜後前往春吉
隱身在巷弄內的當地私房餐廳

緊鄰中洲的春吉是一處有許多知名隱密餐飲店的地區。
獨特的美味料理以及酒類都非常豐富，夜晚可以來這兒走走。

春吉
ふるまいどころ すいぎょ
振る舞い処 水魚

美麗油花的錦雲豬肉片
搭配爽脆白蔥入鍋享用

柴魚湯底的香氣隨著熱煙飄溢出來，放入大量白蔥的蔥涮鍋非常有看頭！帶有上等油脂的大分縣耶馬溪品種豬，錦雲豬的柔嫩肉質加上豐後高田的爽脆甜白蔥，形成一道絕配的頂級美食。最後留下精華湯汁煮成雜炊粥或烏龍麵享用。

☎092-771-2222 住福岡市中央区春吉3-14-7-2 🕐18時～凌晨1時 休無休 P無 交地下鐵七隈線天神南站步行7分 MAP附錄P10F1

2人份的火鍋約使用了8根大白蔥！

分成吧檯座位與和式座位的復古時尚餐廳

加碼推薦
+生魚片拼盤+
2人份2500日圓
共有紅甘、鯖魚、扇貝等6～7種魚類
・白蔥內臟鍋・
1人份1600日圓（2人份起）
將白蔥加入博多名產內臟鍋的獨創料理

生魚片來自玄界灘，北海道海膽等各地當季食材也十分豐盛

+蔥涮鍋+
1人份1400日圓（2人份起）
壓軸可選擇雜炊粥或拉麵、烏龍麵、強棒麵各300日圓，一定要試試！

天使翅膀炸物900日圓

吃完美食喝完酒後，來杯特選咖啡

不論選豆或沖泡方式都很講究的咖啡廳「manu coffee春吉店」。營業時間從一大早至凌晨3時，最適合喝完酒後來點一杯咖啡。卡布奇諾480日圓。
☎092-736-6011 **MAP** 附錄P10F2

以淡藍色為基調，滿溢著木頭的溫暖

✣英式炸魚薯條✣
1500日圓
邊用麥芽醋或鹽巴來變換口味來享用

春吉
てらすとみこー
Telas & mico

一邊欣賞那珂川一邊品嘗道地英式炸魚薯條

老闆曾在國外知名餐廳研修過，多國籍料理獨具吸引力。道地英國引進的英式炸薯條外皮酥脆，與英國空運而來的真鱈魚配上啤酒簡直無話可說！地理位置非常好，就位在河川旁邊。

☎092-731-4917 **住**福岡市中央区春吉2-1-16 **時**19～24時 **休**週一（遇外燴服務、舉辦活動時則不定期）**P**無 **交**地下鐵七隈線渡邊通站步行8分 **MAP**附錄P4E3

加碼推薦

壽司拼盤
1800日圓
正統握壽司，種類也十分豐富

糸島雷山豬之烤排骨
1800日圓
在糸島大自然中養殖的豬肉質柔軟美味

春吉
どくじゃく しずく
独酌 しずく

以活鯖魚料理聞名的元祖鯖魚刺身專賣店

以進貨時維持活跳跳的狀態，開店前才調理而成的鯖魚料理為傲。具甜味且肉質很有彈性的鯖魚除了做成生魚片，也有烤鹽糠漬鯖魚980日圓等難得一見的多樣化美食。

☎092-771-3002 **住**福岡市中央区春吉3-22-7 **時**18時～鯖魚賣完為止 **休**週日（週一如逢假日則照常營業）**P**無 **交**地下鐵七隈線天神南站步行5分 **MAP**附錄P10F1

✣活鯖魚生魚片✣
900日圓
熟練地調理活跳跳的鯖魚。可沾鹽巴或醬油享用

✣紅酒燉牛頰肉✣
1900日圓
使用數種紅酒熬煮4小時而成，是開幕以來的人氣料理

到深夜都還聚集了許多熱愛葡萄酒的客人

加碼推薦

LA GRANDE COLLINE2013 LE CANON ROSE PRIMEUR
950日圓
日本釀造家製造出爽口又華麗的南法季甜玫瑰紅酒

GRAMENON 2013 SIERRA DU SUD
1250日圓
100%使用Syrah品種葡萄的紅酒。濃郁且高雅的香氣為其特徵

春吉
やましたわいんしょくどう
山下ワイン食道

自然釀造葡萄酒與法國料理的幸福絕配

這是一間葡萄酒餐廳，山下老闆曾前往法國學習葡萄酒自然釀造法。提供精選出來的自然釀造葡萄酒，搭配用當季食材做成的費時法式小酒館菜色。不僅美味且賞心悅目，甚至吸引許多國外知名的葡萄酒製造商前來造訪。

☎092-761-8717 **住**福岡市中央区春吉2-6-15 八番館201 **時**18時～凌晨1時 **休**不定休 **P**無 **交**地下鐵七隈線天神南站步行10分 **MAP**附錄P10F2

約30個座位的店內氣氛令人放鬆

加碼推薦

煮燒鯖魚生魚片
900日圓
活魚處理之後放上半天，讓口感轉為溫和

烤鯖魚炒飯
600日圓
加了大量鯖魚肉

📖 春吉地區有許多小巷弄，即便是當地人也常迷路，記得事先將地點查清楚再前往。

今夜想放下屋台來杯調酒
可前往大人的酒吧品酒解壓

玩了一整天好累，今晚想到酒吧優雅地品嘗美酒…。
中洲與春吉有時尚風格或傳統式、美麗河景等多樣酒吧可供選擇。

中洲夜景倒映在河面上，充滿羅曼蒂克氣氛

推薦調酒

Jewelry Sparkling Wine
各950日圓
荔枝與奇異果等水果口味的特製調酒

不知道喝什麼好可以問問七島老闆

推薦調酒

乾杯1300日圓
帶有鳳梨酸甜味，以琴酒為底的特製調酒

春吉

ばーあんどだいにんぐ みつばち

Bar&Dining Mitsubachi

欣賞中洲的夜景，紓緩身心到深夜

能聽到輕微喧鬧聲、環境舒適的晚餐酒吧，面向那珂川的吧檯座位可欣賞夜景。河景沙發座位以及高約11m的吧檯座等都經過細心的設計，在在讓人感到放鬆。週五、六從22時起會有DJ與M-girl（專門工作人員）登場。

☎092-739-3800 住福岡市中央区春吉3-4-6 5th HOTEL EAST 1F ¥開瓶費324日圓（河景沙發座648日圓）時18時～凌晨5時（週日、假日～凌晨1時）休無休 P無 交地下鐵七隈線天神南站步行8分 MAP附錄P10F1

中洲

にっかばー ななしま

ニッカバー 七島

創業至今已有半世紀的道地老酒吧

位在中洲大馬路上，從街上便可看到酒吧內部，令人安心，推薦第一次到酒吧的人來此。老闆的女兒也在這兒擔任調酒師，吧檯因此熱鬧許多。深具歷史且風格獨特，令人放鬆的氣氛也獨具魅力。

☎092-291-7740 住福岡市博多区中洲4-2-18 時19時～凌晨3時（週日、假日～凌晨1時）休無休 P無 交地下鐵機場線中洲川端站步行5分 MAP附錄P7A2

也可到
**帶有九州味的
燒酒吧**

有許多九州味濃厚的燒酒專門酒吧，可多家比較看看。位在中洲的「燒酎処 あんたいとる」隨時備有120種以上的燒酒。
☎092-263-8386 **MAP**附錄P8F2

中洲　美味的馬丁尼1200日圓也頗受好評

推薦調酒
Tingara1000日圓
以泡盛酒為主題，曾在調酒大賽中獲得金賞獎

ばーじーた
Bar GITA

以30年技藝款待來客

岩永老闆專心在調酒這一行已有30年。熟練技巧所調出來的酒擄獲客人的心。以溫馨木頭打造的店裡總是保持一股和煦氣氛。

☎092-262-2623 **住**福岡市博多区中洲4-1-1 **費**開瓶費800日圓 **時**19時～凌晨4時 **休**週日、假日 **P**無 **交**下鐵機場線中洲川端站步行7分 **MAP**附錄P7A3

春吉　對岸的美麗夜景提高了店内氣氛

推薦調酒
柯夢波丹
1300日圓
也曾在電影「慾望城市」中出現過的調酒

かーぶ ゔぁんさんく え くらぶ じぇい いるんご
cave 25 et CLUB J［ilungo］

眺望屋形船往來交會的那珂川與屋台

舉杯同時還能欣賞光亮閃爍的博多運河城。使用當季新鮮水果製成的每月替換調酒廣受好評。1樓是法式餐廳，2樓是酒吧。

☎092-711-7170 **住**福岡市中央区春吉3-3-5 **時**1F 18～22時、2F 18時30分～凌晨3時 **休**週日（全館）**P**無 **交**地下鐵七隈線天神南站步行8分 **MAP**附錄P10F1

西中洲　鮮果調酒1500日圓～很有人氣

推薦調酒
星空Mojito
1300日圓
使用自製薄荷，連外觀都很搶眼的古巴調酒

ばー ぜくう
Bar 是空

可享單杯＆調酒＆雪茄的正統酒吧

位在西中洲巷子裡的隱密酒吧。川井田老闆擁有飯店調酒師協會的最高證照以及調理師證照，非常專業。在此一定能找到喜愛的調酒。

☎092-725-6307 **住**福岡市中央区西中川5-0 **時**19時～凌晨3時 **休**無休 **P**無 **交**地下鐵機場線中洲川端站步行7分 **MAP**附錄P8F3

春吉　氣氛相當高雅，卻也讓人感到放鬆

推薦調酒
四季調酒
各1000日圓
用調酒表現出季節感。照片為冬天版本

らうんじあんどだいにんぐ あんこむすと
ラウンジ＆ダイニング アンコムスト

飯店内的成熟風味酒吧

有咖啡廳且提供午晚餐的沙發吧在18時過後搖身一變成為酒吧。黑色基調的牆壁與天井，加上獨家設計的椅子和沙發等，讓人不禁沉浸在這個充滿感性的空間。

☎092-716-3330 **住**福岡市中央区春吉3-13-1 HOTEL IL PALAZZO 1F **時**18時～凌晨1時（週日、假日～24時）**休**無休 **P**無 **交**地下鐵七隈線天神南站步行8分 **MAP**附錄P10F1

「ニッカバー 七島」的七島老闆是中洲通，會熱心告訴大家中洲的歷史。

在"博多的廚房"購物
廚師們採購必去的柳橋聯合市場

想找尋博多當季美食的人，可到柳橋生鮮市場逛逛。
在這個充滿活力的市場，找尋最適合當伴手禮的柳橋名產吧！

全長約100m的拱型屋頂
商店街約有50家店舖

福岡近海捕
獲的活跳跳
海鮮

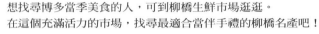

やなぎばしれんごういちば
柳橋聯合市場

☎092-761-5717 住福岡市中央区春吉
1-5-1 營視店舖有所不同，大約為8～
18時 休週日、假日 交地下鐵七隈線渡
邊通站步行3分 P無 MAP附錄P4D3

可購買食物到市場內
的休憩處吃

除了日式甜
點外，也有
紅豆飯450
日圓等

たこしょうげつ
鎗松月 ②

歷史悠久的
和菓子名店

1935年（昭和10）創業，
謹守古早味道與做法至今
的老店。堅持使用糯米與
小豆等原料來製成商品，
包含季節性甜點共約15種
類。特別是剛搗好的麻糬
與紅豆飯、生菓子很有人
氣。

☎092-761-5058 ●9時～17
時30分 休週日、假日

たかまつのかまぼこ
高松の蒲鉾 ①

可當邊走邊吃的小點心
種類豐富的魚漿食品

現炸或現蒸的各種關東煮食材，
以及自製魚板等販賣約50種魚漿
相關食品。夾入用魚肉製作的可
樂餅名產──柳橋漢堡是絕對不
可錯過的美食！

☎092-761-0722 ●6～18時 休週
日、假日

令人滿意的
好滋味

左起櫻花麻糬、
紅豆饅頭、泰團
子各130日圓

超級新鮮彈牙的胡麻鯖魚蓋飯1050日圓

加了微甜爽口
醬汁的柳橋漢
堡250日圓～

やなぎばししょくどう
柳橋食堂 ③

市場內的大眾食堂
由鮮魚店為客人調理鮮魚

有許多使用新鮮海產做成的
美味蓋飯和定食。14時後，
可到市場內的同系列店舖購
買鮮魚，由食堂當場調理。
生魚片拼盤880日圓～等。

☎092-761-1811 ●11～16時
（午餐至14時） 休週日、假日

能品嘗到博多才有的豚骨
魚漿100g 145日圓等美食

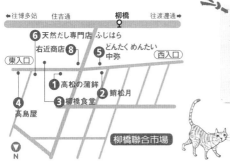

往博多站　住吉通　柳橋　往渡邊通

⑥ 天然だし專門店 ふじはら
⑧ 右近商店　　⑤ どんたく めんたい
　　　　　　　　　中弥
東入口　　　　　　　西入口

① 高松の蒲鉾　② 鰤松月
③ 柳橋食堂

④
髙島屋

柳橋聯合市場

N

料多實在的
鹹麵包很受
歡迎

要不要帶些博多通會購買
的伴手禮呢？

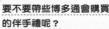

昭和20年（1945）開幕的「右近
商店」。玄界灘的鮮魚及自製明
太子等頗受好評。提供宅配服
務，很適合買來當博多的伴手禮。
☎092-781-1386 MAP左圖⑧

中洲・川端 ●"博多的廚房"柳橋聯合市場

辣味明太子
どんたく めんたい なかや
どんたく めんたい 中弥 ⑤

給自己的伴手禮可買最高級的熟成鱈魚子

明太子也很適合當伴手禮。最高級的鱈魚子
是先用祖傳醬汁醃漬120小時後，再經過48
小時的熟成做出來的。有甜、中辣、辣、柚
子風味可供選擇。另提供盒裝。
☎0120-56-8708 ○7時~17時30分 休週日、假日

也有稀少的鯨魚肉，
紅肉100g600日圓~

大顆粒口感讓人欲
罷不能的辣味明太
子100g756日圓~

最適合配飯吃!!

和菓子・麵包
たかしまや
髙島屋 ④

2個世代互相較勁的和菓子和鹹麵包

從昭和27年（1952）持續至
今的和菓子店。現在由第2代
製作和菓子，第3代烤麵包。
內夾厚炸雞肉的彌平漢堡300
日圓很受好評。
☎092-761-3462
○9~18時 休週
日、假日

左起咖哩麵包180日圓、
波蘿麵包140日圓、鮪魚
三明治170日圓

乾貨
てんねんだしせんもんてん ふじはら
天然だし專門店 ふじはら ⑥

堅持無添加的天然乾貨批發店

秤斤計價的柴魚削片、昆布、小魚乾、香菇乾
等無添加食材專賣店。品質很好連料亭都從這
兒訂貨。也可向老闆請教如何熬煮美味高湯。
☎092-751-5625 ○7~17時 休週日、假日

枕崎產的乾柴魚
一塊1600日圓~

從市場約步行
1分的名店

甘栗
あまぐりや
甘栗屋

天津甘栗是散步的良伴

使用的是從百年老樹密集的中
國栗園進口之珍貴果實。在大
鍋中約花40分將成熟栗子炒熟
便大功告成。大津甘栗200g550
日圓~。
☎092-762-8611 住福岡市中央区春
吉1-2-22 ○10~18時（賣完即關門）
休週四 交地下鐵七隈線渡邊通
站步行3分 P無 MAP附錄P4E3

很香甜又有嚼勁，
怎麼吃都不會膩

每年11月第1週日是「美食祭」（うまかもん祭り）。石斑魚鍋及生魚片都會特價，也有舉辦舞台表演等活動。

不妨到這裡走走！

博多站・中洲・川端地區的推薦景點

舊福岡縣公會堂貴賓館
きゅうふくおかけんこうかいどうきひんかん

保有華麗時代的氣息

明治43年（1910）做為來賓接待所的法式文藝復興建築樣式西洋建築。內部有大理石暖爐與浮雕等，帶著一股濃濃的優雅氣息。國家指定重要文化財。**DATA** ☎092-751-4416 億福岡市中央区西中洲6-29 ¥門票240日圓 ⏰9～17時 休週一（遇假日則翌日）P無 交地下鐵機場線中洲川端站步行5分 **MAP**附錄P8E2

博多Riverain
はかたりばれいん

讓人充滿好奇心的複合式設施

聚集了許多大型設施，如高雅商店和餐廳林立的eeny meeny miny mo，及福岡大倉飯店、表演專用劇場博多座、福岡亞洲美術館等，是一處可滿足大人好奇心的綜合設施。**DATA** ☎092-271-5050（eeny meeny miny mo）億福岡市博多区下川端町3-1ほか ⏰視設施有所不同 P950輛（30分150日圓）交直通地下鐵機場線中洲川端站 **MAP**附錄P8F1

肴や だんじ
さかなや だんじ

提供九州的名產美食

有內臟鍋1050日圓（2人份起～）與炒拉麵714日圓、佐賀縣花枝燒肴609日圓等，能輕鬆品嘗從博多到九州各地名產的居酒屋。燒酒20種，日本酒也有10種之多。**DATA** ☎092-292-9073 億福岡市博多区博多駅前2-11-22 ⏰17時～凌晨1時LO（週六日～23時30分LO）休不定休 P無 交JR博多站步行6分 **MAP**附錄P6D3

四季の酒食 わらきたれ
しきのしゅしょく わらきたれ

品嘗新鮮的玄灘海產

使用的是向福津市漁港漁夫直接進貨的在地鮮魚，以及從長濱鮮魚市場購而來的海鮮，價格很實在。人氣料理有生魚片拼盤1200日圓等、包入當季海鮮的今日酥派780日圓等。**DATA** ☎092-291-1040 億福岡市博多区上川端町11-8 川端中央大樓地下1F ⏰17時03分～24時LO 休週日不定休 P無 交地下鐵機場線中洲川端站步行1分 **MAP**附錄P8F1

魚市場仲卸直営丸秀鮮魚店 博多店
さかないちばなかおろしちょくえいまるひでせんぎょてん はかたてん

中盤商直營才有的品質與價格

以便宜價格提供從魚市場標來的在地近海鮮魚。生魚片、燉煮、燒烤等，各種鮮魚菜單隨進貨內容有所不同。生魚片定食900日圓等中午時段（限平日）的定食頗受好評。**DATA** ☎092-474-7977 億福岡市博多区博多駅東2-10-12-2～3F ⏰11時30分～14時（限平日）、17～23時LO 休無休 P無 交JR博多站步行5分 **MAP**附錄P2E3

博多名代吉塚うなぎ屋
はかたなだいよしづかうなぎや

饕客遍布日本各地的老店

明治6年（1873）創業，位在中洲河岸邊的老鰻魚店。開幕以來口味從未改變過的秘傳醬汁淋在烤得鬆軟的日本產鰻上，更增添鰻魚美味。蒲燒3704日圓、宴席5724日圓等。全日本各地都有饕客造訪。**DATA** ☎092-271-0700 億福岡市博多区中洲2-8-27 ⏰11～21時 休週三 P5輛 交地下鐵機場線中洲川端站步行5分 **MAP**附錄P7A2

元祖ぴかいち
がんそぴかいち

自製麵條的中國餐廳

一到中午便大排長龍的人氣麵店。麵食種類很多，強棒麵與長崎香檜脆麵皆使用自家製生麵條，搭配用雞骨和豬骨熬成的爽口湯頭很對味。一定要嘗嘗招牌的豚骨拉麵530日圓。**DATA** ☎092-441-3611 億福岡市博多区博多駅前3-9-5 ⏰10時30分～20時30分 休週日 P無 交JR博多站步行10分 **MAP**附錄P6D4

博多めんちゃんこ亭 中洲店
はかためんちゃんこてい なかすてん

長年受到當地人喜愛的麵店

特別製作的麵條，加上使用肉與蔬菜等10種食材熬煮出來的湯底所做成的拉麵。除了招牌的元祖味630日圓，也有韓式口味或加入內臟等其他種。**DATA** ☎092-273-1553 億福岡市博多区中洲1-3-14 ⏰17時～早上7時（週六日、假日為11時30分～）休無休 P無 交地下鐵機場線中洲川端站步行9分 **MAP**附錄P7A3

川端ぜんざい広場
かわばたぜんざいひろば

採開放空間的甜點店

傳承古老口味的博多紅豆湯圓。只有週末和舉辦活動期間才會營業，有機會的話一定要吃吃看！**DATA** ☎092-281-6223（上川端商店街振興工會事務所）億福岡市博多区上川端10-256（僅週五～日、假日、店街舉辦活動期間，12月1日～25日營業）休週一～四（週一遇假日則營業）P無 交地下鐵機場線中洲川端站步行2分 **MAP**附錄P7A2

エスプレッサメンテ イリー

えすぷれっさめんて いりー

出發前來杯咖啡休息一下

位在具博多象徵的大時鐘後方，是一家義大利風格的咖啡廳，可在此品嘗咖啡。濃縮咖啡400日圓，也有多種餐點可選。

DATA ☎092-413-5241 **住**福岡市博多區博多駅中央街1-1-JR博多城 AMU PLAZA博多5F **時**10時～20時30分LO **休**無休 **P**有簽約停車場 **交**直通JR博多站 **MAP**附錄P6E～F4

HAKATA SISTERS café

はかた しすたーず かふぇ

附設Ustream Studio的咖啡廳

位在博多阪急M3樓流行服飾及化妝品齊全的少淑女服飾樓層「HAKATA SISTERS」之咖啡廳。提供義式冰淇淋270日圓～與輕食等。咖啡310日圓～。**DATA** ☎092-419-5754 **住**福岡市博多區博多駅中央街1-1-博多阪急M3F **時**10～21時 **休**無休 **P**有簽約停車場 **交**JR博多站步行即到 **MAP**附錄P6E～F4

BAR HEART STRINGS

ばー はーと すとりんぐす

女性單身前來也能安心的酒吧

女性也能安心消費的老酒吧，能一嘗使用新鮮水果製成的調酒1250日圓～和單一麥芽威士忌1000日圓～等，沒有開瓶費。

DATA ☎092-262-3136 **住**福岡市博多區中洲3-2-12第3ラインビル5F **時**19時～凌晨3時(假日～凌晨1時) **休**週日(週一逢假日則照常營業，改為週一休) **P**無 **交**地下鐵機場線中洲川端站步行5分 **MAP**附錄P7A2

Kitchen&Bar ants

きっちんあんどばー あんつ

非常舒適的私房酒吧

穿越小小的門扉後，來到的是有如螞蟻巢穴般風格的酒吧，這也是最大的特色。招牌菜黑牛肩里肌牛排是每桌客人必點的人氣美食，與自製桑格里酒口味很搭配。**DATA** ☎092-263-6543 **住**福岡市博多區中洲4-1-21三苫大樓2F **時**18時30分～凌晨4時30分LO **休**週日 **無** **交**地下鐵機場線中洲川端站步行5分 **MAP**附錄P8F2

一味真喜多家

いちみしんきたや

手工調味料種類豐富

柚子胡椒美乃滋170g930日圓等，專賣以傳統方式與調味做出來的自製調味料。也受到專業廚師喜愛的迷你醬油瓶110ml420日圓～。可以試吃各種口味後再挑選合適的伴手禮！**DATA** ☎092-262-0256 **住**福岡市博多區上川端町9-156 **時**10時30分～18時30分(週日、假日～18時) **休**不定休 **P**無 **交**地下鐵機場線中洲川端站步行3分 **MAP**附錄P7A2

MateriaL

まてりある

慰勞自己的禮物──訂製衣服

從歐美採購各種男士&仕女的獨家款服飾與雜貨的店。也可訂製手工上衣2萬日圓與洋裝3萬日圓～等，由裁縫師傅細心為客人縫製。所需時間約1個月，可代寄送至日本各地。**DATA** ☎092-282-7777 **住**福岡市博多區中洲5-1-20-東京堂ビル5F **時**13～19時 **休**週日 **P**無 **交**地下鐵機場線中洲川端站步行1分 **MAP**附錄P8F1

Bshop

びしょっぷ

融入日常生活且實用的服飾與雜貨

簡單又實用，網羅許多精選設計的衣服與雜貨，是AMU PLAZA非常有人氣的店舖。販賣的品牌包括ORCIVAL、Sunspel、FALKE、Qymphles等，連情侶都愛來逛。**DATA** ☎092-409-6835 **住**福岡市博多區博多駅中央街1-1 AMU PLAZA博多4F **時**10～21時 **休**無休 **P**有簽約停車場 **交**直通JR博多站 **MAP**附錄P6E4

提到博多絕對不能錯過！
當地著名的古早伴手禮

購買濃濃博多味的名產

石村萬盛堂 本店

いしむらまんせいどう ほんてん

具代表性的博多甜點！

明治38年（1905）創業，是白色情人節起源的日式甜點老店舖。包著黃色內餡的軟綿綿外皮甜點「鶴乃子」2個270日圓。

DATA ☎092-291-1592 **住**福岡市博多區須崎町2-1 **時**9～20時 **休**無休 **P**4輛 **交**地下鐵機場線中洲川端站步行5分 **MAP**附錄P8E1

增屋

ますや

種類豐富的博多人偶

陶娃娃素燒後再上色的博多傳統工藝品，傳承至今造型也採納現代風格。博多人偶凱帝貓1944日圓。

DATA ☎092-281-0083 **住**福岡市博多區上川端町6-138 **時**10～19時 **休**元旦 **P**無 **交**地下鐵機場線中洲川端站步行5分 **MAP**附錄P7B2

重點看過來！

天神地下街
也有很多人氣店

渡邊通的下面是「天神地下街」。下雨天也能舒適地享受購物樂趣。
（☞P72）

重點看過來！

想找伴手禮的人
可到百貨公司地下樓

三越、岩田屋等具福岡代表性的百貨公司林立，有許多福岡知名甜點可供挑選。（☞P72）

重點看過來！

最適合逛街的區域

一整排都是獨具特色的大樓。到了晚上渡邊通也會出現許多屋台。
（☞P71）

天神位在這裡！

無論白天或夜晚都閃閃發光的福岡中心地區

天神周邊

てんじんしゅうへん

是這樣的地方

到百貨公司地下樓尋找博多伴手禮！
（☞P72）

渡邊通上百貨公司和購物大樓林立，往來的人潮絡繹不絕，是九州最熱鬧的地區。從渡邊通一路延伸到天神西通的「きらめき通り」一帶也有許多引領流行風潮的時尚購物大樓，隨時傳遞最新的資訊，是逛街購物絕對不可錯過的區域。

access

●從博多站
搭乘地下鐵機場線到天神站5分。
從博多站前出口搭乘西鐵巴士15分，在天神巴士中心・三越前下車。
「100日圓巴士」「天神LINER」請參照P42。

洽詢
福岡市觀光服務處(天神)
☎092-751-6904
MAP 附錄P8・9

～天神 快速導覽MAP～

日本最大的
報時鐘

新天町的童話鐘在
每個準點都會響起
幸福的鐘聲。

欣賞綠意與
天神的風景

ACROS福岡南側有
一處景色優美的綠
色階梯。

天神周邊

アークホテル
ロイヤル
福岡天神

卍安國寺

卍少林寺

Hotel MyStays
福岡天神

往大濠公園

ホテル
アセント福岡

福岡蒙特拉蘇瑞
酒店

往赤坂站

NISHITETSU
GRAND
HOTEL

昭和通

福岡銀行🏧

福岡天神センタービル

三菱東京
UFJ🏧

みずほ🏧

天神

地下鐵機場線

明治通

天神新天町入口

福岡PARCO

福岡
朝日會館ビル

西鐵福岡駅ビル

洋服の青山

SOLARIA
STAGE

VIORO

岩田屋新館

サザン通り

ラウンド
ワン

きらめき通り

本館

ソラリア
西鐵ホテル

福岡ビル

●VIVRE

●天神CORE

BEST電器

●IMS
福岡三越獅子廣場
福岡市觀光服務處(天神)
●天神ツインビル

福岡市役所◉

天神中央公園

藥院新通

往BAYSIDE PLACE博多
能古島

西中島橋

水鏡天滿宮
卍

●ACROS福岡

福岡フローラルイン
西中洲

往博通

ベストウェスタン・
福岡中洲イン

IPシティホテル福岡

那珂川水上巴士

西鐵INN福岡

西大橋

福博邂逅之館

舊福岡縣公會堂
貴賓館

往中洲川端站

博多エクセル
ホテル東急

東横イン
博多西中洲

往博多站前通

岩田屋本店 1
(☞P72)

RESOLA天神

BARNEYS NEW YORK
福岡店 **4**

Plaza Hotel
Premier

SOLARIA
PLAZA

天神巴士中心
三越前

警固公園

福岡三越 3
(☞P72)

BIC CAMERA

天神西通

國體道路

往やき通り

天神巴士中心
三越前

中央署

福岡三越
獅子廣場

西鐵天神大牟田線

西鐵天神大牟田線 藥院站

往藥院站

ホテル
クレガ天神

天神南

天神
Loft

Richmond
Hotel Fukuoka Tenjin

大丸福岡天神店 2
(☞P72)

コートホテル
福岡天神

福岡
アルティ・イン

觀光的提醒
**前往天神中央的
觀光服務處**

「福岡市觀光服務處（天神）」
位在福岡三越獅子廣場，提供各
種觀光資訊。

0 100m

周邊的地標建築

1 岩田屋本店

誕生於福岡且受到當地人
喜愛的百貨公司。無論本
館或新館，2館都走在流
行尖端。（☞P72）

2 大丸福岡天神店

除了品味高尚的流行服飾
外，各種甜點與熟食等地
下美食賣場也非常豐富，
很有人氣。（☞P72）

3 福岡三越

網羅了日本國內外各種流
行魅力商品。與車站互通
非常便利。
（☞P72）

4 BARNEYS
NEW YORK福岡店

日本國內外精選而來的流
行商品琳瑯滿目。**MAP**
附錄P9C4

旅遊結束前還想購買伴手禮的人
可到應有盡有的百貨公司地下樓

天神三大百貨公司的福岡特產與九州伴手禮種類非常豐富。
三家都位在徒步範圍內，可好好享受百貨公司地下樓的逛街樂趣。

岩田屋本店 B1・2F
本館地下2個樓層都是美食街

「茅乃舍」的
手工年輪蛋糕
1個1620日圓
用日本產麵粉與奶油、雞
蛋細心烘烤而成

「太平閣」的
太平閣肉包
6個1026日圓
位在福岡縣大野城市的人
氣肉包店，肉汁飽滿令人
讚不絕口！

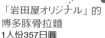

「岩田屋オリジナル」的
博多豚骨拉麵
1人份357日圓
由岩田屋食品採購部門研
發而成，很有嚼勁的細生
麵條

「五口福」的
五口福5種口味明太子
全5種 各40g 各378日圓
日本產的熟成鱈魚子中，
加入梅子等九州各地食材
做成的調味明太子

「志賀島 藤吉のひもの」
的一鹽魚
1尾540日圓～
手工將玄界灘及九州近海
的鮮魚灘上鹽巴做成的古
早味一鹽魚

起源於福岡的人氣百貨公司

いわたやほんてん
岩田屋本店

在福岡誕生、在福岡茁壯的老歷史百貨公司

創業於寶曆4年（1754）的老歷史百貨公司。地下分為2個樓層，積極引進許多博多與九州的食材及著名甜點。
☎092-721-1111 住福岡市中央區天神2-5-35 ⏰10～20時[新館7F的餐飲店11～22時] 休不定休 交地下鐵機場線天神站步行3分 P簽約停車場4150輛 MAP附錄P9 C4

在地美食令人頻繁造訪

だいまるふくおかてんじんてん
大丸福岡天神店

甜點與麵包頗受好評！

第一次進駐九州的店鋪與當地的人氣甜點店都齊聚在此，是喜愛甜點的人絕對不能錯過的購物景點。
☎092-712-8181 住福岡市中央區天神1-4-1 ⏰10～20時[餐飲店則各有不同] 休不定休 交地下鐵七隈線天神南站步行即到 P簽約停車場2300輛 MAP附錄P8D4

直通巴士大樓與地下鐵站

ふくおかみつこし
福岡三越

集結日本國內外的美食

「全国銘菓 菓遊庵」店家連綿不絕、南北長220m，九州及全日本各地的知名甜點都聚集在此，非常有人氣。
☎092-724-3111 住福岡市中央區天神2-1-1 ⏰10～20時 休不定休 交地下鐵機場線天神站的天神地下街可直通 P簽約停車場4150輛 MAP附錄P8D4

下雨天也
方便購物的
「天神地下街」
超推薦！

「天神地下街」連接地下鐵機場線天神站～七隈線天神南站，與各百貨公司與購物大樓能互通。石板街道上共約有150家店舖，沉穩的空間逛起街來很舒服。
☎092-711-1903 **MAP**附錄P8D4

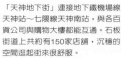

大丸福岡天神店 B2F
商品種類超多

「きなこーや」的
くろまる
1個310日圓
深煎黃豆粉香氣濃醇，使用100%蕨粉做成的微甜黑蜜蕨餅，滑溜口感很美味！

「銀のすぷーん」的
サクリスタン
1條130日圓
位在久留米市人氣法國甜點店的長銷商品，是派皮裹入核桃的一種酥餅

「ジョーキュウ醬油」的
玉葱橘醋醬
360㎖648日圓
大名地區一家醬油公司的代表性商品，肉類專用的獨創橘醋醬

「わた惣」的
花枝醬
80g756日圓
在飯塚市已超過150年歷史的老食品店製作的配飯花枝醬。也可用於茶泡飯

福岡三越 B2F
網羅九州美食

天神町饅頭
1個43日圓
福岡三越的獨家甜饅頭。裡頭包紅豆餡，外皮使用日田天領水和蜂蜜製作

「ブルーフォンセ」的
楓糖可麗餅
1個179日圓
人氣法國甜點店銷售量第一的楓糖可麗餅。加了楓糖的卡士達醬很美味

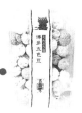

「豆菓子本舖 博多五色堂」的
博多五色豆禮品包
60g281日圓
市內豆菓子老店舖將炒碗豆淋上砂糖蜜做成的豆菓子

「こじま亭」的
明太子乳瑪琳
120g843日圓
福岡知名法國餐廳的獨家乳瑪琳，裡頭有滿滿的明太子！

「志波まんじゅう」的
いきなりまんじゅう
1個130日圓
西鐵小郡站附近的和菓子店長銷商品，一年賣出10萬個之多。包有地瓜與紅豆餡的甜饅頭

📖 位在「ACROS福岡」前的水鏡天滿宮是 "天神" 的地名由來，是一間正統神社。**MAP**附錄P8E2。

每一道自製甜點都是自信代表作
值得特別撥出時間前往的幸福咖啡廳

來到最繁華的天神，品嘗讓人不禁嘴角上揚的絕品甜點。
吃到最後一口都還餘韻猶存，完全沉浸在幸福感覺裡。

義式冰淇淋 420日圓～
使用季節性天然食材，以獨
特作法製成的義式冰淇淋

白玉紅豆700日圓
北海道產大納言紅豆淋上
沖繩產黑砂糖製成的黑蜜

大名

うぃと てんじんにしどおりてん

ViTO 天神西通店

健康又美味！在地起家的道地義式冰淇淋

口感濃醇但後韻清爽！義式
冰淇淋師傅每天手工製作約
24種口味，使用的是熊本縣
阿蘇牛奶與西西里島產開心
果等精選食材。單球、雙球
各420日圓，3球470日圓。
Premium Flavor另加100日
圓。

加碼推薦
✣開心果✣
520日圓（單球）
✣覆盆子✣
420日圓（單球）
✣抹茶✣
420日圓（單球）
✣卡布奇諾✣
340日圓

☎092-725-9400 住福岡市中央
区大名2-6-60 NISHITETSU
GRAND HOTEL 1F ⏰11～24時
（週五六～凌晨1時）休無休 P無
🚇地下鐵機場線天神站步行3分
MAP附錄P9B3

有如在義大利的冰淇淋店。
最適合買來邊吃邊逛街

天神

かんみきっさ わかたけ

甘味喫茶 若竹

逛街累了可來品嘗一下老店的甜點

昭和29年在北九州市小倉開
始營業的甜點店，在岩田屋
本店（☞P72）也開了分
店。堅持高品質的食材，無
論是白玉湯圓還是寒天、黑
蜜等都是精心製作。口感清
爽不膩，充滿日式美味，連
心都跟著融化了。

加碼推薦
✣若竹聖代✣
800日圓
✣奶油蜜豆✣
750日圓
✣釜燒烏龍麵✣
1020日圓
✣若竹便當✣
1430日圓

☎092-725-0036 住福岡市中央
区天神2-5-35 岩田屋新館地下
2F ⏰10～20時休不定休 P簽
約停車場3500輛 🚇地下鐵機場
線天神站步行3分 MAP附錄P9
C3

典雅沉穩的裝潢，不分年齡
層廣受支持

加碼推薦
奶味十足的布丁
可買來當伴手禮

福岡具代表性的布丁專賣店「西通リプリン」。除了熱銷商品POSHE外，一共約有10種類。現在西通、博多大丸、福岡機場、大橋、姪濱站都有分店。1個280日圓〜。

☎092-692-4250(本社)
MAP 附錄P9C4(西通店)

綜合水果鬆餅1000日圓
鬆軟的鬆餅上擺滿新鮮水果

莓果與奶油起司鬆餅1100日圓
非常有人氣且回籠客也多的
一道美食。附飲料1550日圓

天神
ふるーつぱらだいす ときお

フルーツパラダイス TOKIO

品嘗新鮮水果恢復元氣

由當地水果批發商所經營的水果甜點店。陽光灑入以橘色為基調的明亮店裡，可在此吃到用草莓、芒果、無花果等基本水果，甚至是由世界各國珍貴水果做成的當季甜點。餐點與菜單隨季節改變。

☎092-733-2234 **住**福岡市中央区大神1-7-11 IMS地下1F **時**10〜20時 **休**第3週二、不定休 **P**184輛(30分260日圓) **交**地下鐵機場線天神站步行3分 **MAP** 附錄P8D3

┄┄┄ 加碼推薦 ┄┄┄
+水果聖代+
780日圓
+酪梨三明治午餐+
780日圓
(附水果沙拉&果汁或咖啡)
+綜合果汁+
700日圓

以白磚與木紋設計的明亮且
開放的吧檯座位

天神
かふぇあんどぶっくす びぶりおてーく

café & books bibliothèque

結合書店與食堂的新風格咖啡廳

店裡陳列著許多從世界各地蒐集而來的藝術&設計類書籍，有如圖書館般可自由閱覽。除了可看書，使用當季水果每個月變化口味的鬆餅也頗受好評，當中最有人氣的就屬莓果與奶油起司鬆餅1000日圓，擁有不少回籠客。

☎092-752-7443 **住**福岡市中央区天神2-10-3 VIORO地下1F **時**11〜23時 **休**無休 **P**無 **交**地下鐵機場線天神站步行3分 **MAP** 附錄P9C3

┄┄┄ 加碼推薦 ┄┄┄
+甜點3種+
1300日圓
+烤起司蛋糕+
710日圓
+今日的義大利麵午餐+
920日圓
+每週午餐+
1080日圓

溫暖的木造時尚空間。餐點
種類也很豐富

配合心情選擇
氣氛優雅的舒適咖啡廳

購物或觀光要是累了，可到氣氛佳的咖啡廳歇息一下。
藉由美景、擺設及美味甜點來舒緩心情。

天神
うぉーたー さいと おっとー

Water site. OTTO

位在河畔，吹來舒適涼風的咖啡廳

可在寬廣露天座位眺望那珂川抒放身心的咖啡廳。店內天花板挑高，沿著河川的牆面全採用玻璃窗，營造開闊空間感。不僅可用餐點多，甜點種類也很充實，另有紅茶及果汁等飲料暢飲，是一處令人想久待的店。

☎092-714-3308 🏠福岡市中央区天神1-16-1 西鐵INN福岡1F ⏰11時～22時30分LO（週日、假日～20時30分LO、午餐～17時LO）🈺無休 🅿無 🚇地下鐵機場線天神站步行5分 **MAP** 附錄P8E2

店裡給人時尚感覺

蓬鬆的舒芙蕾鬆餅淋上優格與莓果1180日圓

寒冷的日子會為客人準備暖爐及毛毯

那珂川邊的露天座位，可攜帶寵物

大名
ぐろっと

GROTTO

遠離塵囂的療癒系咖啡老飯店的新裝潢沙發吧

開幕已約有半世紀的老飯店內咖啡＆酒吧。內部的狹長空間正如店名「洞窟」，令人感受到一股沉穩氣息。無論是與朋友相約還是在此喝茶或品酒，都讓人享有彷彿時光靜止般的幸福時刻。

☎092-781-0435 🏠福岡市中央区大名2-6-60 NISHITETSU GRAND HOTEL 1F ⏰10時～23時30分LO 🈺無休 🅿93輛 🚇地下鐵機場線天神站步行3分 **MAP** 附錄P9B3

夜晚變成寧靜的酒吧

蛋糕套餐1430日圓，可在5種蛋糕中挑選1種！

悠閒欣賞中庭寬約70m的瀑布

開幕當時使用至今的摩登座椅

「警固公園」位處大樓之間，最適合短暫休憩之用，能欣賞隨季節變化的各種花卉。冬天還會變成溜冰場。

☎092-751-6904（福岡市觀光服務處・天神）**MAP**附錄P8D4

壁紙還原了明治43年（1910）竣工當時所使用的圖案

西中洲

かふぇ じゃっく ものー

CAFE JACQUES MONOD

古典又優雅！
重要文化財的咖啡廳

這兒是舊福岡縣公會堂貴賓館，屬氣氛莊嚴的咖啡餐廳，以法國料理為主的午晚餐廣受好評。咖啡時段為短暫的15～18時，有飲料套餐及葡萄酒套餐，可在此享受一下優雅的傍晚時刻。

☎092-724-8800 **住**福岡市中央区西中洲6-29舊福岡縣公會堂貴賓館1F **時**11～24時（咖啡・餐前酒時段15～18時）**休**無休 **P**無 **交**地下鐵機場線中洲川端站步行5分 **MAP**附錄P8E2

晴朗日子推薦露天座位

今日甜點550日圓（內容隨季節變換）

古董音響播放著爵士樂

天神

かふぇ おっとー・ぴう

CAFFÉ OTTO.Piu

俯瞰警固公園綠意
療癒身心的絕佳地點

管線外露的天花板以及木製地板、用黑板列出的菜單等，處處都顯出紐約風格的悠閒咖啡廳。陽光從大窗戶灑落進來，望著充滿綠意的公園及街上行人，疲憊也得到舒緩。輕食與甜點種類豐富。

☎092-737-8135 **住**福岡市中央区天神2 4 3 SOLARIA PLAZA 2F **時**10時～21時30分LO **休**不定休 **P**有簽約停車場 **交**地下鐵機場線天神站步行3分 **MAP**附錄P8D4

彩色的椅子很可愛，也提供可自由翻閱的國外雜誌

蛋糕櫃裡隨時備有7種左右的甜點

位在時尚購物大樓SOLARIA PLAZA的2樓

焦糖香蕉法式吐司700日圓也很有人氣

連接岩田屋本店與福岡三越等百貨公司（☞P72）的地下道，是一條長約120m、叫做きらめき通り的地下通道。

百貨公司地下樓的人氣美食
讓人簡直等不及帶回飯店享用！？

來到百貨公司地下樓買完伴手禮後，肚子也餓得咕咕叫了。
帶一些在地人喜歡的美食回飯店享用也是個好主意呢☆

甜點類

1

「フルーツナカムラ」的水果果凍
奇異果315日圓 柳橙368日圓

2

「ジョアン」的天神蘋果派
1/4塊324日圓

3

「ベビーモンシェール」的蛋糕
Bell Tiara442日圓

4

「エクラタン」的水果捲
1條1296日圓

熟食類

5

「こじま亭」的可樂餅
各種1個173日圓～

6

「萬坊」的炸花枝乾
1盒540日圓

7

「あんず」的炸里脊豬排三明治
3塊596日圓

8

「梅森凱瑟」的碎肉酥派
1個313日圓

9

「たつみ寿司」的南關豆皮壽司
5個1301日圓

10

「西門蒲鉾」的魚板熱狗
1個162日圓

❶顏色鮮豔擺在玻璃櫃內引人注目的甜點就是這個。季節性水果配上滑溜溜的寒天果凍。▼什麼是フルーツナカムラ？以岡山縣倉敷為據點的高級水果專賣店❷1天會賣50個左右，但一到傍晚就會賣光光。滿滿內餡令人大大滿足！▼什麼是ジョアン？堅守傳統做法的人氣麵包店❸奶油與蛋糕層都與「堂島蛋糕捲（堂島ロール）」一樣。▼什麼是ベビーモンシェール？以堂島蛋糕捲聞名的Patisserie Moncher之姊妹品牌❹捲居長銷商品第一。以米粉綿海綿蛋糕捲入鮮奶油卡士達醬與5種水果▼什麼是エクラタン？岩田屋的人氣法式甜點店❺熟食品牌「こじま亭」的可樂餅種類很多 ▼什麼是こじま亭？位在淨水通的知名法國餐廳「KOJIMA」之熟食品牌❻滿滿200g只賣540日圓很划算。裹上麵衣炸得酥脆，花枝的自然香氣在嘴裡散開，是絕佳的下酒菜▼什麼是萬坊？

位在呼子聞名全日本的花枝燒賣起源店❼肉質柔軟，就算冷了也很美味，麵包也鬆軟好吃，非常有人氣。炸碎肉排三明治3塊432日圓也很有口碑▼什麼是あんず？福岡市內的炸豬排專賣店，使用的是在嚴格管理之下餵養的豬肉❽全世界分店中只有博多店專賣的碎肉酥派。裡頭滿滿的洋蔥和碎肉！▼什麼是梅森凱瑟？來自法國的天然酵母麵包在關東圈也是大有人氣❾使用飛魚高湯底和黑砂糖熬煮成的熊本縣名產豆皮「南關あげ」，包入拌了山葵及蓮藕的醋飯，真是絕妙搭配▼什麼是たつみ寿司？總店位在下川端的壽司店（☞P32）❿將蔬菜魚板用吐司包起來油炸過的魚板熱狗，熱騰騰的現炸美味甚至得排隊才買得到！▼什麼是西門蒲鉾？大正2年（1913）創業的博多魚板老店

有明海の海鮮變身為紅豆餅！？

「博多ムツゴロウマンジュウ天神店」是一家將紅豆餅做成有明海大彈塗魚形狀的紅豆餅人氣店。
有紅豆、卡士達醬、火腿蛋、漢堡肉等口味。1個120～200日圓，價格實惠。
☎092-737-7060 **MAP** 附錄P9C4

❶❷❺福岡三越 地下2F（☞P72）
❸❽大丸福岡天神店 本館地下2F（☞P72）
❹❼❾岩田屋本店 本館地下2F（☞P72）
❻❿大丸福岡天神店 東館Elgala地下2F（☞P72）

了解地名由來
讓逛街更富樂趣

加倍樂趣專欄
fumu fumu

福岡市至今仍保留許多可窺見從前歷史的地名。
讓我們來了解福岡與博多有何不同吧！

{ 為何地名叫做「福岡市」車站名卻取為「博多站」!? }

福岡是全日本極少數城市名與市中心車站名稱不一致的都市。
這是由於"福岡人"與"博多人"曾經發生過激烈爭執之故。

自古以來的地名為「博多」

「博多」一語的由來眾說紛紜，例如港灣很大（博い）資源很多（多い）、海岸線有如鳥展翅（羽形（日語發音HAKATA））等。最早出現此名稱是在平安時代初期『續日本紀』天平寶字3年（759）裡頭的記載。由此可知博多地名自古以來就已經被使用。

從前博多做為對外貿易窗口而急速發展起來是在11世紀末期以後，鎌倉時代負責日本與南宋之間貿易的是以博多為據點的「博多船主」們。14世紀中開始，除了在大內氏與大友氏統治之下從事貿易工作之外，逐漸出現一些獨立進行海外貿易的大商人。

之後博多商人越來越活躍，最終發展成與堺市並列為二大自由城市。雖然後來因為戰亂而一時荒廢，但因豐臣秀吉實施「太閤町割」計畫而重新繁榮起來，後來又歷經進攻朝鮮而使博多商人的地位越顯重要，他們的特徵是積極進取且充滿獨立心。這種"博多人"的氣質從江戶時期代相傳至今。

博多商人的舊別墅改裝而成的樂水園
☎092-262-6665 ⏰9～17時 🈺週二（逢假日則翌日休）MAP附錄P4E3

「福岡」是從江戶時代開始的稱呼

福岡地名第一次出現是在慶長5年（1600）黑田孝高（如水）・長政父子入主之後。隔年築城時，取他們的出身地備前（現・岡山縣）福岡之名，將之命名為福岡城。自此之後，那珂川以西為城下町福岡，以東稱為商人之町博多，各自發展成為具特色的地區。

福岡與博多產生激烈衝突

明治22年（1889）要訂立市的制度時，福岡與博多在市名上產生了對立衝突。縣方面已公告為「福岡市」，但博多地區的居民主張命名為「博多市」，甚至還出現了獨立論。同年12月九州鐵道（現JR鹿兒島本線）開通時，據說站名取為「博多站」也是為了要安撫「博多派」的群眾。

但隔年2月博多派在市議會提出「將市名改為博多市」的決議案，議論紛擾不休，最後決議的結果是贊成反對人數各半，於是由議長決定根據縣公告定為福岡市。現在位於中洲・川端的「博多地區」有很多設施名稱依舊是「博多」而非「福岡」，例如博多運河城（☞P54）與博多Riverain（☞P68）等。

橫跨那珂川的「福博邂逅之橋」是連接「福岡」與「博多」的橋樑。MAP附錄P8F2

保有舊地名的福岡歷史

福岡出身歌手＆演員的武田鐵矢曾在他的著作※中感嘆自己的出身地地名已消失不見。的確從60年代末期全日本開始實施地址變更後，福岡市也有許多歷史地名不見了。幸好還有部分能嗅出歷史氣息的地名尚被保存。如福岡最熱鬧的地區「天神」，名稱是來自被尊為天神的菅原道真左遷到太宰府時，在當時登陸地點所建造的社殿之名。現在的水鏡天滿宮（☞P73）名稱據說也是道真看到自己倒映在河川上憔悴面貌而來的。除此之外，還有中國、朝鮮人曾居住過的「唐人町」、江戶時代長老等藩政要臣們的居住地「大名」、為了保護被稱古代迎賓館的鴻臚館而成立的警固所之「警固」等，都還能一窺從前的歷史面貌。

※參考資料：『武田鉄矢の博多っ考』（1996年／經營書院）

天神●百貨公司地下樓的人氣美食／【加倍樂趣專欄】了解地名由來讓逛街更富樂趣

重點看過來！

有許多特別的小店鋪

這個地區聚集了不少雜貨及家飾店。
(☞P90)

重點看過來！

時尚與美食的發信地

精品店與當地人氣餐廳
(☞P82～) 也很多。

重點看過來！

整條街有許多可以逛的店鋪

小巷子裡有一些餐飲店和商店。

福岡文化的誕生地

大名・藥院周邊

だいみょう・やくいんしゅうへん

大名・藥院位在這裡！

大名名產「駒屋」的豆大福1個115日圓
(☞P93)

是這樣的地方

緊鄰天神西側一帶的「大名」以及其南側的「今泉」、「警固」、「藥院」有許多時髦商店與餐飲店。高敏銳度的精品店與雜貨店、時尚咖啡廳、講究的餐廳很多，可在此漫步，尋找中意的店鋪。

access

●從博多站
搭乘地下鐵機場線到天神站4分、到赤坂站6分。

●從天神站
到天神南站步行8分。
搭乘地下鐵七隈線到藥院站2分、到藥院大通站3分

洽詢 福岡市觀光服務處（天神）
☎092-751-6904
MAP 附錄P10·11

～大名・藥院周邊 快速導覽MAP～

昭和通
福岡蒙特利拉蘇瑞酒店
・小金ちゃん
ヴァリエホテル天神
天神
往中洲川端站
3 天神CORE
明治通
赤坂
中央區公所
地下鐵機場線
福岡PARCO **4**
洋服の青山
サザン通り
岩田屋新館
VIORO
きらめき通り SOLARIA PLAZA
西鉄福岡駅ビル
福岡市役所
天神中央公園
博多站前通
2 IMS
天神ツインビル
中央署
NISHITETSU GRAND HOTEL
ラウンドワン
岩田屋本店
天神
福岡
アルティ・イン
中央區公所
赤坂
SOLARIA STAGE **1**
RESOLA 天神
警固公園
大丸福岡天神
福岡三越
天神南
往大濠公園站

在大名一帶，駒屋是路標！

大名有許多狹窄的小巷子。只要記住駒屋（☞P93）就不容易迷路。

博多一風堂總本店
大名
Plaza Hotel Premier
天神西通
BIC CAMERA

今泉有不少咖啡廳

今泉有不少有質感的路邊咖啡廳，要休息很方便。

若宮神社
國體道路
ホテルクレガ天神

季離宮
cafe de h
今泉公園
ホテル天神プレイス
今泉
Café pour vous

東横イン福岡天神南
天神Loft
長浜通
Richmond Hotel Fukuoka Tenjin

BiVi・福岡
セントラルホテルフクオカ
西鉄天神大牟田線

觀光的提要

有許多特別的店鋪
最適合您閒逛街

連小巷弄也很適合漫步的地區，很推薦來此逛逛。有許多可遠離天神喧囂，舒適度過寧靜時光的店。

警固・藥院

タカクラホテル福岡

藥院

藥院大通
地下鐵七隈線
往櫻坂站

N
0 ───── 100m

大名・藥院周邊

周邊的地標建築

1 SOLARIA STAGE

西鐵福岡（天神）站的車站大樓。巨大的「雜貨館INCUBE」值得一逛。地下是餐廳美食街。 **MAP** 附錄P11C1

2 IMS

位在渡邊通上，引人注目的金色外觀。有許多最新流行品牌服飾店。 **MAP** 附錄P10D1

3 天神CORE

受到年輕人喜愛的購物大樓，有許多人氣品牌。7樓的餐廳街也很有人氣。 **MAP** 附錄P8D3

4 福岡PARCO

網羅了服飾雜貨、餐飲店等。新館開幕後又更加熱鬧。 **MAP** 附錄P9C3

堅持地產地消的日式餐廳
大口品嘗九州當季美食

海產‧山產，前往可吃到使用豐富九州當季食材的日式餐廳。
以善用食材的日本料理技巧，讓每道美食都更令人讚不絕口！

涮蔬菜2106日圓（1人份）。
10種以上的蔬菜在特製湯頭
涮過後享用

燉煮鯛魚頭定食850日圓。凝
縮了鯛魚的美味，非常下飯

大名

やさいやめい ばさん
やさい家めい BASSIN

通過蔬菜調理師認證的餐廳！！
享用大量蔬菜淨化身體元氣滿滿

使用每天早上從簽約農家送
來的蔬菜烹調，是一家日式
創意料理餐廳。菜色很多，
涮蔬菜與香蒜鯷魚熱沾醬都
是可吃出蔬菜原味的料理。
層次豐富的蔬菜調酒也很有
人氣。

┌─── 預　算 ───┐
　 ÷午餐÷
　1000日圓～
　÷晚間全餐÷
　3800日圓～
└───────────┘

☎092-739-3210 💴福岡市中央
区大名1-9-63 PLAZA HOTEL天
神1F ⏰11時30分～15時、18～
23時（週五六、假日前日～24時）
🈚無休 🅿無 🚇地下鐵機場線赤
坂站步行3分 🗺附錄P11A2

原木色調的內部。挑高天井
與大窗戶增添了開放感

藥院

かいせんどん ひので
海鮮丼 日の出

定食與蓋飯菜色有20種以上
可吃到彈牙新鮮海產的定食店

使用從長濱市場採買而來的
活跳跳海鮮做成各道日式料
理，美味廣受好評。所有餐
點皆附味噌湯與小菜（主要
為玉子燒或茶碗蒸）。海鮮
蓋飯也可以另外加點添料，
淋上昆布柴魚高湯（免費）
就成了茶泡飯。

┌─── 預　算 ───┐
　 ÷蓋飯÷
　500日圓～
　÷定食÷
　700日圓～
└───────────┘

☎092-791-7971 💴福岡市中央
区藥院2-1-8 ⏰11時30分～22時
30分 🈚無休 🅿無 🚇地下鐵七隈
線藥院大通站步行1分
🗺附錄P11C4

店內氣氛明亮，女性單身一
人也很自在

「九州の旬 博多廊」
的特製鹽味橘醋醬
可當伴手禮

「九州の旬 博多廊」（☞P83）
人氣料理「水炊鍋」中所使用的鹽
味橘醋醬（275ml 756日圓）帶有
酢橘、柚子、檸檬、橙果汁的爽口
酸味與鹽味，能為美食料理加分。
可沾煎餃與燒肉、生魚片等。

祝賀全餐3000日圓～（需一
日前預約）。視預算及喜好
可為客人設計全餐

生吃活烏賊片2000日圓～。
博多內臟鍋1480日圓～。烏
賊大小可選擇

今泉

じんのじん

じん乃仁

在時尚的日式餐廳
品嘗來自九州各地的當季美食

使用來自九州各地的食材製
成多道細緻美食的餐廳。魚
類是由主廚親自從長濱的市
場挑選而來的，並採購有標
示生產者的蔬菜，米則是來
自熊本產無農藥米，各種食
材都非常講究。除此之外調
理法、調味、餐盤容器等，
每個細節都有其堅持之處。
午餐在3天前把接受預約。

☎092-713-5828 住福岡市中央
區今泉1-18-28 ⏰11時30分～14
時30分（需預約）、18～24時 休
週二 ﾜ無 交地下鐵七隈線天神南
站步行7分 MAP附錄P11C3

┌─────────┐
│　預　算　│
│ ÷午餐÷ │
│ 3000日圓～ │
│ ÷晚間全餐÷ │
│ 3000日圓～ │
└─────────┘

有吧檯座位、一般座位、包
箱等適用於各種場合

大名

きゅうしゅうのしゅん はかたろう

九州の旬 博多廊

集結了九州的四季美味!!
可在時尚空間細細品嘗

享用熊本生馬肉、九州近海
鮮魚、鹿兒島黑毛和牛等讓
人讚賞不絕的美食。調味料
也很講究，如使用天草的古
代鹽。有內臟鍋及水炊鍋等
福岡必吃的名產料理，來一
趟就能吃遍九州的美食。

☎092-687-5656 住福岡市中央
區大名1-1-38 SOUTH SIDE
TERRACE 5F ⏰11～15時、
17～24時（週日、假日～23時）
無休 ﾜ無 交地下鐵機場線天神
站步行6分 MAP附錄P11C2

┌─────────┐
│　預　算　│
│ ÷午餐÷ │
│ 1480日圓～ │
│ ÷晚間全餐÷ │
│ 5000日圓～ │
└─────────┘

風格時尚，很受年輕女性喜
愛。包廂也很多

 若宮神社位在國體道路上，境內有大銀杏樹，每到秋天地上就染成一片金黃色地毯！ MAP附錄P11C2。

每道都是主廚的自信之作
享用午間全餐度過優雅時光

午餐可到深受在地女性饕客喜愛的法式及義式餐廳享用。
品嘗價格優惠的全餐料理，親身體驗人氣秘密！

午間A全餐
2805日圓

有前菜、湯品、主菜、甜點、飯後飲料。另有5500日圓起的全餐（2名～）

大手門

じょるじゅ まるそー

GEORGES MARCEAU

主廚親自挑選頂級食材豐盛的法式料理

餐廳主題是「從福岡傳遞美食」，使用來自九州各處在地食材，做出五官感受深刻的豪華料理。為了將採購來的活跳跳海鮮、合作農家特別栽培的蔬菜等食材風味發揮到極致，調理時都盡量減少奶油及鹽巴的使用。

☎092-721-5857 ⊞福岡市中央區大手門1-1-27 ⏰11時45分～13時30分LO、18～22時LO ㊡不定休 ℗無 ⊗地下鐵機場線赤坂站步行4分 **MAP** 附錄P5A2

> **推薦重點**
> 食材進貨後才決定菜單，所以菜色每天不同。而在櫻坂更有自家經營的法式甜點店，因此豪華的甜點擺盤非常受到女性歡迎

紀念日前來慶祝的客人很多。午・晚餐皆需預約

精選午餐
1550日圓

有拼盤、湯品、主菜、甜點、飲料。主菜可選擇肉類或魚類

藥院

びすとろ みつ

BISTROT MITSOU

總是客滿！人氣義大利餐館的超值全餐

人氣的秘密在於使用新鮮食材細心調理而成的料理很美味之外，份量也令人大為讚賞。讓人實實在在感受到餐廳「希望客人能吃得開心且滿足」的服務精神。平日也都是人潮，記得一定要事先預約。

☎092-713-5227 ⊞福岡市中央區藥院2-16-11 ⏰11時45分～14時LO、18時～21時30分LO ㊡週二 ℗無 ⊗地下鐵七隈線藥院大通站步行5分 **MAP** 附錄P11B4

> **推薦重點**
> 從費時製作的前菜拼盤開始，每道都超豐盛，CP值之高大受好評。麵包吃到飽也令人開心。

寫在鏡面上的菜單也成為裝飾的一部分

全餐很划算。

「BISTROT MITSOU」的巧克力蛋糕

喜愛巧克力的人絕不能錯過的巧克力蛋糕。口感濃厚，裡頭有如生巧克力般入口即化。店內用餐（附冰淇淋）500日圓，外帶（無冰淇淋）400日圓。(☞P84)

警固
ぽるちぇりーの

PORCELLINO

有吧檯座位
歡迎單身前來的客人！

氣氛自在，平日也能輕鬆前來用餐的義大利美食餐廳，但料理卻是一點兒都不馬虎的正統派。精心製作的沙拉醬和醬汁廣受好評，費時製作的手工香腸1條750日圓。另有義大利麵輕食午餐950日圓。

☎092-714-7221 🏠福岡市中央区警固2-12-12
🕐12～14時、18～22時LO 🏠週二三中午
🅿無 🚇地下鐵機場線赤坂站步行7分
MAP 附錄P5B3

原木帶點紅色基調的小餐館，共有17個座位

Porcellino午餐
1550日圓
有前菜、義大利麵、主菜、甜點、飲料。可來杯單杯葡萄酒550日圓一起享用

推薦重點
義大利麵有2種口味供選擇。前菜包括3樣料理，主菜是肉類美食，可說是份量十足的午間套餐

春天如欲去「GEORGES MARCEAU」用餐，記得一定要走明治通！可欣賞舞鶴公園盛開的櫻花。**MAP** 附錄P5A2～3

85

甜點師傅競相較勁
著名甜點店的奢華特製甜點

食材、做法、外觀皆萬般講究的奢華甜點。
每家店多比較，挑出最喜愛的蛋糕。

 藥院
ふらんすがし じゅうろっく
フランス菓子 16区

樸質且傳統的法國甜點
讓食材更彰顯

因創作出達克瓦茲餅而聞名巴黎的三嶋隆夫所開的法式甜點店。很講究食材，還特別委託農家栽種水果，並用傳統方式做出許多法式甜點。

☎092-531-3011 住福岡市中央区藥院4-20-10 🕘9～20時(咖啡廳為10時～19時30分) 休週一(逢假日則翌日) 🅿14輛 🚇地下鐵七隈線藥院大通站步行4分 MAP附錄P5B4

1樓是店面，2F是咖啡廳

千層派
410日圓
使用季節性水果，順口的甜味為一大魅力（照片為無花果）

歌劇院蛋糕
324日圓
杏仁蛋糕層裡裹的是咖啡奶油，口味濃厚

特別之處
能古島產的血橙酸味讓人上癮

血橙優格慕斯
432日圓
紅色的血橙與優格結合為一的爽口慕斯

巧克力蛋糕
443日圓
在柔滑的巧克力鮮奶油裡加入脆脆的可可豆添加口感

特別之處
小泡芙上的微苦糖漿為美味加分

紅磨坊
454日圓
香檳慕斯裡頭是堅果醬。甜味不膩口

聖多諾黑栗子泡芙 486日圓
裝飾著小泡芙的可愛蛋糕。所使用的材料隨季節變化

大名 りー ら・じょえる
パティスリー
ラ・ジョエル

可愛的店鋪裡
隱藏著誘人甜點

建築物有著如位在歐洲街角般的時髦外觀，另有露天咖啡座。甜點師傅發揮在飯店等各地累積的甜點經驗，做出各種色彩鮮豔的蛋糕。

☎092-751-3939 住福岡市中央区大名1-15-29 🕘11～22時(週五六、假日前日～23時) 休週二 🅿無 🚇地下鐵七隈線天神南站步行8分 MAP附錄P11B2

石板外觀很有氣氛。營業到22時

日本人發明的
法式甜點
達克瓦茲餅

獨特口感與杏仁香味魅力令人無法擋的達克瓦茲餅。創作者是「フランス菓子16区」的三嶋主廚，乃赴法國研修期間仿日本最中紅豆餅製作而成的西式甜點。
☎092-531-3011 **MAP**附錄P5B4

白金
あせっと

A7

將期待品嘗的
那種幸福感覺
留在美味蛋糕裡

主廚本田拓三曾到比利時、法國研修，為了讓大家看得到甜點所帶來的幸福感，於是致力在甜點製作上。口感與味道搭配得天衣無縫，一共約有15種蛋糕。

☎092-531-1130 **住**福岡市中央区白金2-15-1 **○**10～20時 **休**週二 **P**3輛 **交**地下鐵七隈線藥院站步行10分
MAP附錄P4D4

雖位在住宅區，但卻是一間客人絡繹不絕的人氣店

蒙特利馬爾慕斯
380日圓
軟綿綿口感與獨具風味的蜂蜜慕斯

水果塔 **400日圓**
酥脆塔皮上擺滿大塊的季節水果

特別之處
酥香塔皮上大膽裝飾著令人垂涎欲滴的水果

皇家蛋糕
380日圓
口感酥脆為其特色的牛奶巧克力蛋糕

走遠一些前往福岡的知名人氣店

特別之師
用濃厚的巧克力做成爽口慕斯，口感絕妙

巧克力慕斯
480日圓
順口牛奶味道與帶苦味巧克力慕斯的2層構造

黑醋栗芒果蛋糕
460日圓
微酸黑醋栗搭配芒果的新鮮蛋糕

洋梨焦糖慕斯
450日圓
特製蛋糕之一。清爽的焦糖與洋梨慕斯

大濠公園周邊
ぱていすりー じゃっく

patisserie Jacques

傳承自法國正統
聞名世界的美麗甜點

主廚大塚良成曾在法國名店「Jacques」研修，出來開店時獲得使用同店名認可的實力派甜點店，也是世界最高峰的法式甜點組織「Relais Desserts」之會員。

☎092-762-7700 **住**福岡市中央区荒戶3-2-1 **○**9時30分～18時30分 **休**週二、第1週一 **P**無 **交**地下鐵機場線大濠公園站步行5分 **MAP**附錄P2D3

店內有16個座位可內用

大濠公園內的「福岡市美術館」收藏著出身九州的畫家以及世界大師的作品。☎092-714-6051 **MAP**附錄P2D3

讓人捨不得離開
舒適的人氣個性派咖啡廳

對旅人而言，具有特色且時尚的咖啡廳是極上的綠洲。
位處舒適空間加上美味的咖啡廳餐點，真是令人雀躍不已。

牆上的海報及照片品味很不錯，令人舒適自在

る ぶるとん

Le BRETON

也可利用輕食午餐
口味道地的蕎麥可麗餅

有如身處法國般氣氛的咖啡廳。曾到布列塔尼研修過的老闆做的蕎麥可麗餅很有人氣，蕎麥粉的香氣與酥脆Q彈食感讓人欲罷不能！其他如自製麵包及甜點也都是美味的道地口味。

☎092-716-9233 住福岡市中央区今泉2-1-65 ⏰11～23時 休不定休 P無 交地下鐵七隈線天神南站步行8分 MAP附錄P11C3

蕎麥可麗餅午餐890日圓。有2種可麗餅可供選擇

可在充滿綠意的露天座位或沙發座位度過咖啡時光

今泉
かふぇ ど あっしゅ

cafe de h

附設藝術空間
隱藏在巷弄裡的咖啡廳

位在巷弄裡的寧靜咖啡廳。店內陽光灑入非常明亮，精通裝飾的老闆品味隨處可見。附設展示空間，不定期舉辦一些活動。甜點套餐700日圓～。

☎092-732-3167 住福岡市中央区今泉1-18-50 ⏰12時～23時30分 休週一（逢假日則翌日休） P無 交地下鐵七隈線天神南站步行7分 MAP附錄P11C3

季節限定的鴨肉與牛肝菌醬佐自製手工義大利麵1200日圓～

品味超群！
「Le BRETON」的
果醬

自製果醬各890日圓（210g）使用「香蕉、柳橙、肉桂」等食材搭配而成，非常有品味！專程前來購買自製麵包130日圓～的人也不少。馬卡龍和烘焙點心種類很多。
（☞P89）

大名
るさーく
Le Circ

位在時尚流行街道上的紐約風咖啡餐廳

時尚餐廳內部採用挑高天花板，整個空間顯得很寬敞。以義大利料理為主，甜點師傅手工製的甜點400日圓～種類也很豐富。位在時髦的大名地區，從露天座位可欣賞往來行人的流行打扮。

☎092-725-4077 🏠福岡市中央区大名1-15-11 Daimyo 11511 1F 🕐12～24時（週五六、假日前日～凌晨1時）休週二 🅿無 🚇地下鐵機場線赤坂站步行8分 MAP 附錄P11B2

義大利麵午餐880日圓。另有拼盤或沙拉午餐

音響設備很講究，讓身心舒放在背景音樂之中

簡樸沉穩的空間。18時起提供全餐料理

藥院
りーど かふぇ
Read cafe

在咖啡香氣環繞下進入書香世界！

書本一整個排開，是一間讓愛書者驚喜不已的書香咖啡廳。這兒是由福岡的出版社「書肆侃侃房」經營，不僅有自家出的新書，也有許多生活類二手書籍，除了非賣品外皆可購買。乾咖哩750日圓等餐點也頗受好評。

☎092-713-8860 🏠福岡市中央区藥院2-2-33 🕐12～23時（週五六～24時）休不定休 🅿無 🚇地下鐵七隈線藥院大通站步行1分 MAP 附錄P11C4

濃厚的烤起司蛋糕500日圓與特調咖啡450日圓

📖 福岡的咖啡廳會舉辦各種精彩活動，作為流行文化尖端，常聚集許多時尚的群眾。

尋找增添日常生活樂趣的雜貨
發現中意的商品真令人HAPPY♪

走進時髦小物應有盡有的雜貨店，幾乎讓人連時間都忘了。
只要多逛逛蔚為話題的精品店，一定能找到一見鍾情的商品。

A

B

D

藥院

すりーびーぽったーず

B·B·B POTTERS

能豐富日常生活的雜貨

採百看不膩的簡樸設計，有許多重視機能
性的日常生活雜貨。1F是廚房及園藝用
品，2F是家飾和各作家的陶藝作品琳瑯滿
目。商品範圍廣泛，單純逛逛也很賞心悅
目。附設可以歇腳的咖啡廳。

☎092-739-2080　🏠福岡市中央区藥院1-8-8
🕐11～20時(咖啡廳11時30分～19時30分LO)
🈺不定休　🅿4輛　🚃地下鐵七隈線藥院大通站步
行3分　**MAP**附錄P11C4

A設計師中村善郎x陶藝家福田RUI的合作系列YEN
WARE的碗公1個4860日圓　**B**同樣是YEN WARE系
列的置筷架1個540日圓　**C**擅長運用鳥與花等造型
的陶藝家鹿兒島睦的木板印刷手帕1條1620日圓　
D日本野鳥會獨創長靴4752日圓可折疊，方便攜帶

C

想要逛家飾店的人可以來這裡！
「BiVi福岡」是日本國內外家具品牌齊聚一堂的商業大樓。有許多家飾與雜貨店，可為日常生活擺設提供不少創意。
☎092-751-1180 **MAP**附錄P10E3

大名

ばい とりこ ふくおか

BY TRICO FUKUOKA

越用越喜愛的世界尖端設計

家具、雜貨、餐盤甚至服飾等，有很多充滿玩心的個性化商品。色彩鮮艷的商品種類也不少，必能為房間增添不一樣的氣氛。

☎092-739-1088 住福岡市中央区大名1-8-25 🕐12〜20時 休週三 P無 交地下鐵機場線赤坂站步行5分 **MAP**附錄P11A2

E Skyplanter3240日圓〜。盆栽從天花板吊下來，為房間營造奇妙的氣氛 **F** 可愛小鳥從書本探出頭來的書籤1個745日圓 **G** 異國風的奇妙圖案餐盤3024日圓

大名

じぇいず すたいる&りびんぐ

J's Style & Living

凝聚工匠技術的陶器

收集了小石原燒與天平窯等能感受到傳統與歷史的作品。多數是設計優雅高品味且能融入現代生活的時尚陶藝。

☎092-724-6882 住福岡市中央区大名1-6-13 Barbizon95 1F 🕐12〜19時 休週三 P無 交地下鐵機場線赤坂站步行6分 **MAP**附錄P11A2

H 線條模樣的小倉織很漂亮，糖果袋1080日圓 **I** 小石原燒的咖啡杯組3970日圓 **J** 簡單卻充滿魅力的唐津‧天平窯茶壺1萬8360日圓

藥院

ぱてぃーな

PATINA

發現經年累月變化的愉悅

店名是拉丁語 "經年變化的味道" 之意。從服裝到陶藝、飾品等，都是泉老闆從日本國內蒐集而來的精品。

☎092-791-9672 住福岡市中央区藥院1-7-12 cercle yakuin402 🕐11〜18時 休週三 P無 交地下鐵七隈線藥院大通站步行3分 **MAP**附錄P11C4

K 師傅手工製的sayang童鞋9180日圓 **L** JACINTHE&Cie的無蒐麻花草茶1200日圓〜 **M** 英國紡織家ANN的胸針各4212日圓

📖 位在天神「VIORO」6F的「LT LOTTO AND TRES」有種類豐富的文具用品。**MAP**附錄P11C1

大名周邊地區的推薦景點

手打ち蕎麦 やぶ金
てうちそば やぶきん

在寧靜空間品嘗知名蕎麥麵

位於重新改裝過後的昭和初期木造建築物1F的蕎麥麵店。香濃醬汁佐天然柴魚塊萃取而來，搭配早晚2次手打現煮蕎麥麵享用。冷蒸龍蕎麥麵800日圓、熱蕎麥湯麵900日圓之外，一些隨季節變化的蕎麥麵也不容錯過。**DATA** ☎092-761-0207 住福岡市中央区大名2-1-16 ⏰11時30分～21時 休週三 ₽無 交地下鐵機場線赤坂站步行4分 **MAP**附錄P11B1

口感與香氣雙重滿足

店內保留著建造當時的氣息

味の正福
あじのまさふく

需要排隊的人氣定食店

已營業30年以上的人氣定食店。許多人都想來嘗嘗當季鮮魚做成的定食，所以得有排隊的心理準備。最人氣的味噌茄子定食800日圓、味醂鯖魚定食920日圓、馬鈴薯燉肉定食780日圓。**DATA** ☎092-721-0464 住福岡市中央区天神1-11-11天神CORE B1F ⏰11時～19時45分LO 休週三、第1、第3週二 ₽無 交地下鐵機場線天神站步行3分 **MAP**附錄P8D3

鹿児島黒毛和牛専門泰元食堂
かごしまくろげわぎゅうせんもん たいげんしょくどう

大口地享用美味和牛燒肉！

鹿兒島縣黑毛和牛畜牧業者為了讓大家能吃到道地的口味，因而開了這家燒肉店。主要是以和牛為主的定食，另有中午每日定食900日圓，晚上每日牛排定食1300日圓～。**DATA** ☎092-752-5589 住福岡市中央区赤坂1-1-5 ⏰11時30分～14時30分LO、17～23時LO 休不定休 ₽無 交地下鐵機場線赤坂站步行8分 **MAP**附錄P11A3

池田屋
いけだや

不能錯過知名的水餃鍋！

水餃皮很有彈性，最熱賣的是放進濃醇雞湯煮成的水餃鍋700日圓。位在大名的小巷子裡，連招牌都沒有，可說是隱藏版美食。最後可來個強棒麵300日圓或雜炊粥400日圓做結尾。**DATA** ☎092-737-6911 住福岡市中央区大名1-4-28 ⏰18～23時LO（週日～22時LO）休不定休 ₽無 交地下鐵機場線赤坂站步行7分 **MAP**附錄P11A2

CORDUROY café
こーでゅろい かふぇ

空間寬敞且餐點美味是人氣的祕訣

中午有每日特餐與咖哩等約10種菜色，每天凌晨3點止提供咖啡及各種鮮果調酒，以及專任甜點師傅使用大量當季食材製作的甜點。**DATA** ☎092-716-3367 住福岡市中央区大名1-15-35 247大樓4F ⏰11～凌晨3時 休無休 ₽無 交地下鐵機場線赤坂站步行8分 **MAP**附錄P11B2

Bar Vita
ばーる ゔぃーた

提供茶類、酒類及餐點！

每天中午、下午、晚上隨型態不同提供各種美食。另有露天座位，可輕鬆度過時間。無論是飲料還是餐點皆分為380日圓、580日圓、880日圓3種價位。午餐850日圓～。附設麵包店。**DATA** ☎092-739-3393 住福岡市中央区今泉2-5-17 ⏰11～凌晨2時 休無休 ₽無 交地下鐵七隈線天神南站步行7分 **MAP**附錄P11B2

Café pour vous
かふぇ ぷーる ぶー

義大利菜＆甜點令人讚不絕口

位在巷弄內的寬敞咖啡廳，可品嘗義大利菜＆道地法國甜點配方做成的各種甜點。接受點餐後才開始烘烤的蘋果派880日圓是人間美味。午餐950日圓～。**DATA** ☎092-716-0027 住福岡市中央区今泉1-18-3 ⏰11時30分～23時（午餐～14時30分LO）休不定休 ₽無 交地下鐵七隈線藥院站步行4分 **MAP**附錄P11C3

珈琲フッコ
こーひーふっこ

在老店靜靜品味咖啡

昭和55年（1980）起就開始見證大名地區發展的老喫茶店。細心烘培而成的綜合咖啡550日圓。第2杯起減價200日圓，令人不禁想久待。也有磅蛋糕250日圓與費南雪金磚蛋糕150日圓。**DATA** ☎092-714-5837 住福岡市中央区大名1-6-13 Barbizon95 2F ⏰12時～23時30分LO 休不定休 ₽無 交地下鐵機場線赤坂站步行6分 **MAP**附錄P11A2

ぶりてぃっしゅぱぶ もーりす ぶらっくしーぷ
ブリティッシュパブ モーリス ブラックシープ

用世界級的啤酒開心乾杯！

有開放式露天座位的PUB，可品嘗英國及愛爾蘭的珍貴啤酒580日圓～（1品脫880日圓～）。不少外國人聚集在此觀看運動賽事，一到週末就非常熱鬧。**DATA** ☎092-725-8773 住福岡市中央区大名2-1-20 ⏰17時～凌晨1時(假日前日～凌晨3時) 休無休 P無 交地下鐵機場線赤坂站步行4分 **MAP** 附錄P11B1

ばー ぱるむどーる
Bar Palme d'or

最適合夜貓子的正統酒吧

打開厚重的大門，一整塊胡桃木做成的吧檯桌面映入眼簾，整體空間很寧靜。講究儲藏與熟成期間的麥芽威士忌1080日圓～與使用水果做成的特製調酒970日圓～。**DATA** ☎092-716-7110 住福岡市中央区大名1-14-18 YK66大樓2F ⏰19時～凌晨4時30分LO 休週二 P無 交地下鐵機場線赤坂站步行7分 **MAP** 附錄P11B2

ざしょっぷす
THE SHOPS

充滿度假風味的時髦複合式大樓

椰子樹林立，親和力十足的外觀很引人注目的複合式大樓。有服飾、雜貨、美容、內藏鍋&海鮮餐廳等。自然光從露臺照射進去，走在裡頭無論逛街或用餐、喝下午茶都很有度假氣氛。**DATA** ☎092-475-2600 住福岡市中央区大名1-12-56 ⏰視店舖有所不同 P無 交地下鐵機場線赤坂站步行5分 **MAP** 附錄P11B1

こまや
駒屋

在地知名的和菓子伴手禮

位在大名地區的紺屋町商店街一角，創業於昭和6年(1931)的和菓子老店。堅持使用日本產食材，以傳統製法細心做出來的樸實和菓子至今仍受到當地人喜愛。最有人氣的豆大福120日圓。**DATA** ☎092-741-6488 住福岡市中央区大名1-11-25 駒屋大樓1F ⏰9～18時 休週日、假日不定休 P無 交地下鐵機場線赤坂站步行5分 **MAP** 附錄P11B2

ちかえほんぽ
稚加榮本舗

購買料亭製作的辣明太子做伴手禮

人氣活魚料理老料亭製作的明太子。口感高級，僅使用北海道產的鱈魚子，形狀、大小、顏色等都經過嚴格挑選，再調味以發揮食材原有的風味，是受很多人喜愛的一道美食。**DATA** ☎0120-174-487 住福岡市中央区大名2-2-19 ⏰8時30分～21時(週日、假日9時～) 休無休 P81輛 交地下鐵機場線赤坂站步行5分 **MAP** 附錄P11A2

へんりー&かうえる
henry&cowell

令人驚喜的夢幻甜點

有如童話世界裡的可愛蛋糕以及餅乾甜點都緊緊擄獲女性們的心。不只外觀迷人，就連食材都是特別挑選九州產。人氣熱銷品是henry's BAG 450日圓、草莓蠟燭380日圓等。有內用空間。**DATA** ☎092-741-7888 住福岡市中央区今泉1-3-11 ⏰11～21時 休不定休 P無 交地下鐵七隈線藥院站步行4分 **MAP** 附錄P10D3

 前往領導福岡流行品牌的個性化店舖　　來逛逛有許多服飾、包包、配件等原創商品的店！

ひっぴねす
hippiness

最流行的獨家服飾

有充滿女人味的「hippiness」及皮革製品牌「saranam」等。涵蓋各類型，因此廣受各年齡層喜愛。**DATA** ☎092-752-1530 住福岡市中央区今泉1-13-27サンスペース2F ⏰11～20時 休無休 P無 交地下鐵七隈線天神南站步行2分 **MAP** 附錄P10D2

ひゅーす びすくしょっぷ
HUS bisque-shop

多采多姿的商品都是獨家設計

從服飾到廚房用品・家飾雜貨等都是獨家商品，全日本約有60家分店。**DATA** ☎092-714-7722 住福岡市中央区今泉1-16-20 ヒュゼットビル1F ⏰11時～19時30分(週日、假日～19時) 休週三 P無 交地下鐵七隈線天神南站步行4分 **MAP** 附錄P11C2

えれが
elega

福岡在地的珍珠品牌

以Cute&Mode為主題的自家品牌「karen porary」很受女性喜愛。照片中的耳環8640日圓。**DATA** ☎092-724-7242 住福岡市中央区大名1-2-37 ⏰13～20時 休週三 P無 交地下鐵七隈線天神南站步行9分 **MAP** 附錄P11B2

📖 「大名」這個地名的是由於從前黑田藩被稱為「大名」的重臣居住在此地而來。

重點看過來！

來趟小小渡船之旅
輕鬆前往海之中道
前往充滿大自然景色的
海之中道。不能錯過的
是海洋世界海之中道。
(☞P99)

重點看過來！

前往港灣區的
遊樂景點
Yahuoku!巨蛋球場(☞
P96)、福岡市博物館
(☞P97)裡頭的國寶
「金印」最有看頭。

重點看過來！

博多碼頭有一處
巨大購物中心
到博多碼頭「BAYSIDE
PLACE博多」可享購物
跟溫泉樂。

一望無際的晴空與湛藍大海

福岡港灣區

ふくおかべいえりあ

距離福岡市區最近的濱海景點有海鷹城、福岡塔、福岡瑪麗諾亞城等。要到對岸的海之中道可搭船或巴士，欲前往志賀島可開車。想前往位在博多灣上的能古島，則可來趟單程約10分鐘的渡船之旅。另外在糸島（☞P100）沿海有許多鮮蔬餐廳和咖啡廳，開車兜風充滿樂趣。

海洋世界
海之中道
的書籤367
日圓

海之中道
海濱百道 海濱公園・ 福岡塔	20搭乘UMINAKA LINE
福岡 瑪麗諾亞 城	海鷹城	BAYSIDE PLACE 博多
姪濱	西新	唐人町	天神

●往海鷹城
從地下鐵機場線唐人町站步行13分

●往海濱百道海濱公園・福岡塔
從地下鐵機場線西新站步行20分

●往福岡瑪麗諾亞城
在地下鐵機場線姪濱站搭乘昭和巴士15分

●往BAYSIDE PLACE博多
在天神搭乘西鐵巴士14分

●往海之中道
在BAYSIDE PLACE博多搭乘UMINAKA LINE 20分

●往糸島
→參照P100

●往能古島
→參照P102

📞洽詢 福岡市觀光服務處（天神）
☎092-751-6904
MAP 附錄P2・3

～ 福岡港灣區 快速導覽MAP ～

玄界灘

金印之湯

志賀海神社
志賀島

金印公園

可眺望能古島的古代浪漫公園

參觀轉印有「漢委奴國王」的紀念碑等。（☞P98）

往和白站

雁之巢
• 雁の巢レクリエーションセンター

4 海之中道
（☞P99）

JR香椎線

海洋世界海之中道
海之中道海濱公園
海之中道

大岳

西戸崎

觀光的提要
可善加利用租車及渡輪

想要前往環繞在博多灣的各觀光景點，租車是最方便的交通方式。從博多碼頭欲前往海之中道，可來一趟人氣的20分鐘渡輪之旅（☞P137）。

UMINAKA LINE

往名島出入口

貝塚JCT

福岡都市高速道路1號線

往馬出九大病院前站

博多灣

福岡市營渡船

福岡市營渡船

能古島
海島公園

搭乘渡輪前往島嶼

前往花卉公園及海邊遊玩，也可到時尚餐廳享用美食（☞P102）

能古島

UMINAKA LINE

擁有白色沙灘的海濱度假勝地

夕陽餘暉下的漫步充滿浪漫氣息 ♥
（☞P97）

千鳥橋JCT

千代縣廳口

BAYSIDE PLACE 1
博多

築港出入口
吳服町出入口

福岡市營渡船

福岡瑪麗諾亞城 3

福岡塔 2
（☞P97）

海濱百道·海濱公園·
MARIZON

•YAHUOKU!巨蛋
•海鷹城購物中心

天神北出入口

地下鐵機場線

中洲川端

今津灣

N

JR筑肥線

姪濱

藤崎

百道出入口

唐人町 大濠公園

西新

天神

西鐵福岡（天神）

天神南

往橋本站

往藥院前站

往博多站

往今宿站

往福重JCT

福岡港灣區

周邊的地標建築

1 BAYSIDE PLACE 博多

可到鮮魚市場、溫泉設施等逛逛。**MAP**附錄P2D3

2 福岡塔

從距離地面123m的最高層展望室可360度眺望福岡市區及夜景。適合情侶的景點及餐廳、酒吧也很多。（☞P97）

3 福岡瑪麗諾亞城

在摩天輪高聳的九州最大規模OUTLET盡情購物。**MAP**附錄P3B3

4 海之中道

擁有大摩天輪的海之中道海濱公園有許多美麗的花圃和野鳥。（☞P99）

在舒服海風輕拂的濱海地區
享受羅曼蒂克的漫步樂趣

博多灣的濱海地區有許多觀光景點，
如「Yahuoku！巨蛋」和「福岡塔」等遊樂設施。

詳細 **MAP** 附錄P12D1～F1

1 Day 推薦路線

📍 九州医療センター前
▼步行1分

1 福岡 Yahuoku！巨蛋
▼步行3分

2 スカイラウンジ＆バー クラウズ
▼步行15分

3 福岡市博物館
▼步行5分

4 福岡塔
▼塔內參觀

5 スカイラウンジ ルフージュ
▼步行5分

6 海濱百道海濱公園
▼步行4分

📍 福岡タワー南口

天神巴士中心前搭西鐵巴士約12分

START！

1
ふくおか やふおく！どーむ（やふおくどーむ）
福岡Yahuoku!巨蛋
11:00

日本第一座使用開閉式屋頂設計的球場，有王貞治棒球博物館等眾多景點聚集，也是福岡市地標。參加Yahuoku巨蛋導覽，則可看到平常進不去的球員置物櫃等處。

☎092-847-1006 🏠福岡市中央区地行浜2-2-2 🎫Yahuoku巨蛋導覽1100日圓（所需時間約50分 ☎092-847-1699）～ 🚌九州医療センター前巴士站步行1分 🅿1700輛 **MAP** 附錄P12E・F1

有許多很適合買來當伴手禮的商品

鷹觀世音大菩薩
位在8號門前的鷹隊守護神。選手和球迷們會來這兒祈求勝利

暖手廣場
有200位以上名人的立體手模型，可跟崇拜的選手握手

能讓戀愛成真的郵筒

據說只要從這裡寄信給愛慕的對象就能實現願望。位在8號門綜合服務處旁

2
らうんじあんどばー くらうず
ラウンジ＆バー クラウズ
步行3分
13:00
欣賞美景並享用午餐

能俯瞰福岡美景的天空沙發吧。主廚推薦的套餐2300日圓，有麵包、沙拉、主菜、甜點、飲料。

☎092-844-8000 🏠福岡市中央区地行浜2-2-3 福岡 海鷹希爾頓飯店35F 🕐11時～24時30分（24時LO）、中午12時～14時30分 休無休 🚌ヒルトン福岡シーホーク前巴士站步行1分 🅿800輛 **MAP** 附錄P12E1

優雅地品嘗各種精緻美食
※照片為參考

高234m

展望室高123m！

海鷹城購物中心是大型娛樂設施

night！

距地面116m處的「戀人聖地」

由8000片鏡窗組成

聳立雲端的福岡塔是福岡市的地標之一

隨著季節性活動變換不同燈飾

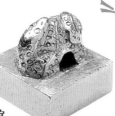

15:00

固定展示與
福岡相關的文化財

印紐的部分是
蛇頭造型，上
頭刻著「漢委
奴國王」

③ ふくおかしはくぶつかん
福岡市博物館

介紹福岡、博多的歷史與生活。西曆57年受贈於後漢王朝的國寶金印，以及『黑田節』裡曾歌頌過的名槍日本號等也都展示於此。可近距離參觀出現在日本教科書中的金印。

☎092-845-5011 ㊟福岡市早良區百道浜3-1-1 ◷9時30分～17時30分(17時前入館) ㊡週一(逢假日則翌平日休)、12月28日～1月4日 ㊤博物館北口巴士站步行3分 ㋟250輛 **MAP**附錄P12D1

誕生於百道海岸的名作『海螺小姐』

昭和19年（1944）起『海螺小姐』的原作者‧長谷川町子於現在的福岡市早良區西新一帶住了約3年，因此創作出海螺小姐與磯野鰹等漫畫人物。位在當時海岸線附近的「磯野廣場」上有一座紀念碑。

☎092-833-4306(早良區役所) **MAP**別冊P3C3

17:00

隨著日落開始閃爍
的夜景

迷人的夜景與
「戀人聖地」

④ ふくおかたわー
福岡塔

日本最高的海濱塔，高234m，位在距地面123m的頂樓展望室眺望出去的景色迷人，可360度將福岡市區及濱海地區盡收眼底。夕陽美景也千萬不能錯過！

☎092-823-0234 ㊟福岡市早良区百道浜2-3-26 ¥展望室800日圓 ◷9時30分～22時(10～3月～21時、最後入場為30分前) ㊡6月最後週一、二 ㊤福岡タワー南口巴士站步行2分 ㋟88輛 **MAP**附錄P12D1

在圍欄鎖上鑰匙誓言
相愛的「戀人聖地」
1個1000日圓

步行15分

步行5分

步行1分

18:00

距離地面高120m
的品酒時光

可預約視野良好的特別座位

推薦的調酒為Spumoni 600日圓（前）與Champagne Blues 850日圓（後）等

明太子義大利麵
770日圓

⑤ すかいらうんじ るふーじゅ
スカイラウンジ ルフージュ

位在福岡塔的展望台下120m高的沙發吧。可欣賞日落黃昏與夜景度過浪漫片刻。也提供晚餐全餐（需預約）。

☎092-833-8255 ㊟¥㊡㊤準同福岡塔 ◷10時30分～21時30分LO(用餐11時～)、10～3月10時30分～20時30分LO(用餐11時～20時LO) **MAP**附錄P12D1※18時過後另收開瓶費300日圓

19:30

聽著海浪聲
在海邊散步

Daytime

GOAL！

夏天會在地行濱地區開放露營場所

羅馬式樣建築物讓海濱夜景充滿奇幻色彩

步行5分

⑥ しーさいどももちかいひんこうえん
海濱百道海濱公園

位在福岡塔北側的人工白沙灘。夏天是沙灘排球與足球等沙灘運動的天堂。沙灘中央的「MARIZON」有餐廳和商店，也是前往海之中道的UMINAKA LINE搭乘處。

☎092-822-8141 ㊟福岡市早良区百道浜 ㊛自由參觀 ㊤福岡タワー南口巴士站步行3分 ㋟230輛 **MAP**附錄P12D1

📖 福岡塔在距離地面高116m及123m處各有展望台，スカイラウンジ就位在兩者之間高120m的地方。

從海之中道前往志賀島
迎著海風開車兜風

穿越道路兩側都是一片大海的「海之中道」後便抵達志賀島。
感受海風與大自然，來一趟小小遠行的兜風之旅吧！
MAP 附錄P2D1～P3B1

啊～～
真是太幸福了

1 Day
兜風路線

- 從福岡市區經由國道3號、縣道59號
  ▼18km
- **1** 海洋世界海之中道
  ▼1.5km
- **2** 海之中道海濱公園 野鳥池
  ▼4km
- **3** 志賀島中心
  ▼1.5km
- **4** 金印公園
  ▼3.2km
- **5** 休暇村 志賀島
  ▼10km
- **6** The lounge on the water
  ▼18km

福岡市區

【泡湯處】
きゅうかむら しかのしま
休暇村 志賀島

志賀島唯一的溫泉是流動式天然湧泉♨

休暇村志賀島位在島的西邊。眼前是一片全長800m的白沙灘，很有度假村氣息。村內有一處天然溫泉「金印之湯」，最適合來此消除開車的疲勞。

☎092-603-6631 🏠福岡市東區勝馬1803-1 ¥泡湯600日圓 🕐泡湯11～15時（最後入場14時）🈑第3週二（有臨時休）🚃JR香椎線西戶崎站車程15分 🅿200輛 **MAP** 附錄P3B1

可聽見玄界灘海浪聲的露天溫泉

沖津島
黑瀬
♨金印之湯
5 休暇村 志賀島
白瀬

志賀島
志賀海神社
4 金印公園
志賀島橋

N
500m
南ノ浦岬
志賀島漁港
志賀島中心 **3**

方位廣場內有一個顛倒的世界地圖

【公園】
きんいんこうえん
金印公園

遙想古代的浪漫時期

這裡是為了紀念天明4年（1784）志賀島農夫在此發現記載著「漢委奴國王」金印而建造的公園。從瞭望臺望出去，可見到玄界灘上的能古島美麗景色。

☎092-645-1058（福岡市東區公所維持管理課公園股）🏠福岡市東區志賀島字古戶1865 ¥自由參觀 🚃JR香椎線西戶崎站車程15分 🅿5輛 **MAP** 附錄P3B1

公園內有一處紀念碑

【食堂】
しかのしませんたー
志賀島中心

在食堂放鬆大啖現抓的活跳跳海鮮料理

漁協直營店，可用餐也有販賣名產的金印汐海帶芽等加工食品。有許多新鮮海產料理，中午可到這兒吃飯。

☎092-603-1644 🏠福岡市東區志賀島411-3 🕐11～17時（週六日、假日～18時）🈑週一（逢假日則翌日休）🚃JR香椎線西戶崎站車程10分，或搭乘福岡市營渡船在志賀島下船即到 🅿30輛 **MAP** 附錄P3B1

淋上芝麻醬，蛋黃也要拌一拌

上等海鮮蓋飯1500日圓 ※內容恐會有變動

公園

うみのなかみちかいひんこうえん

海之中道海濱公園

到野鳥池賞鳥

可欣賞四季不同景觀的美麗花朵與大自然的休閒設施。位在休憩森林的野鳥池有2處觀察室可供賞鳥，一整年都能觀察到各種不同的野鳥。

☎092-603-1111 住福岡市東區西戶崎18-25 ¥門票410日圓 ⏰9時30分～17時30分(11～2月～17時) 休2月第1週一及其翌日 交UMINAKA LINE海之中道渡船場步行5分，或JR香椎線海之中道站步行即到 P3100輛 MAP附錄P2C1

在地發明的B級美食──金印熱狗堡

金印熱狗堡550日圓裡頭夾了炸花枝與牛排塊，料多實在。位在海之中道沿路，是一間外觀為船隻造型的行動餐車。

☎092-605-4500(やすらぎ丸)
MAP附錄P3C1

潛水員出現在全景大水槽中進行餵食解說表演

啾啾～～
要來玩喔一

可愛又親近人的江豚

▲面對博多灣與玄界灘的廣大公園
◀只要有望遠鏡就能清楚看見野鳥姿態

野鳥池的鳥兒種類

花嘴鴨 　金翅雀 　黑尾鷗 　黑背眼紋白頰鳥

THE LUIGANS
Spa & Resort P.110
❻
The lounge
on the water

海之中道渡船場

野鳥池
海之中道❷
海濱公園
海之中道

❶海洋世界
海之中道

すぎ丸 59

西戶崎

西戶崎

水族館

まりんわーるどうみのなかみち

海洋世界海之中道

座落於博多灣前的水族館

以「對馬暖流」為主題，有450種共3萬條海洋生物齊聚在此。20條鯊魚翱遊的全景大水族箱以及精彩萬分的海豚秀等，到處都是值得欣賞的地方。餵食體驗等節目也很豐富。

☎092-603-0400 住福岡市東區西戶崎18-28 ¥門票2160日圓 ⏰9時30分～17時30分(隨季節有所變動) 休2月第1週一及其翌日 交UMINAKA LINE海之中道渡船場步行即到，或JR香椎線海之中道站步行5分 P400輛 MAP附錄P2C1

海底隧道可見到色彩鮮艷的熱帶魚優游其中

義大利餐廳

ざ らうんじ おん ざ うぉーたー

The lounge on the water

品嘗頂級晚餐享受度假氣氛

晚餐可到海之中道的度假飯店享用。眺望博多灣夜景及燈光優美泳池的同時，享用廚師精心烹煮的美食全餐。另有自助式午餐及下午茶。

☎092-603-2590 住福岡市東區西戶崎18-25 THE LUIGANS Spa & Resort 1F(☞P110) ⏰6時30分～21時LO(午餐11時30分～14時LO、晚餐17時30分～) 休不定休 交UMINAKA LINE海之中道渡船場步行1分，或JR香椎線海之中道站步行3分 P100輛 MAP附錄P3C1

隨著夕陽西下而點上蠟燭

晚餐全餐3800日圓起(服務費另計)。單點菜色也很多可選擇

 連結志賀島與九州本島的海之中道，是由全長約8km、最寬處約2.5km的巨大沙洲所形成。

前往糸島享用新鮮蔬菜
糸島半島暢快兜風之旅

濱海兜風2

糸島擁有風光明媚的開車兜風路線,是很受到觀光客喜愛的地區。
被海洋與山脈環繞的糸島,也是培育出美味蔬菜的豐澤之地。

ACCESS 天神北出入口經由福岡都市高速道路,接西九州自動車道到今宿IC約15km,到前原IC約20km
洽詢 糸島市商工觀光課☎092-332-2079

西式餐廳

ぺーかりーれすとらん かれんと

Bakery Restaurant CURRENT

附設麵包店
看得見海的餐廳

開車兜風途中很適合用餐與喫茶的景點。平日限定午餐「CURRENT套餐」大量使用在地食材,有糸島烤豬肉、糸島魚做成的海鮮奶油可樂餅、以及使用新鮮有機蔬菜和自然蛋做成的鹹塔等。附設麵包店可購買麵包。

☎092-330-5789 住糸島市志摩野北向畑2290 ●8~20時LO(午餐限平日11~15時) 休週三 P20輛 交前原IC車程35分

糸島蔬菜有這些!

紅蘿蔔

五彩辣椒

CURRENT套餐
1600日圓
附湯、麵包or白飯、小甜點、咖啡

二見ヶ浦
野北
野北
須賀神社
玄界灘
Bakery Restaurant CURRENT
野北海水浴場
500m
N

店裡的美麗木紋很典雅

夏威夷式
米飯漢堡排
1080日圓

牛蒡

糸島蔬菜有這些!

紅蘿蔔

西式餐廳

びーち かふぇ さんせっと

Beach Cafe SUNSET

讓二見浦的波浪聲成為背景音樂
好好享用糸島的恩惠

眺望以美麗夕陽聞名的二見浦,在開放空間的露臺座位品嘗美食。使用簽約農家送來的有機蔬菜做成各種料理,很有人氣的夏威夷式米飯漢堡排加了有嚼勁的甜炒牛蒡,口味獨特。

☎092-809-2937 住福岡市西區西浦284 ●11~22時LO(午餐限平日11~15時) 休週四 P18輛 交今宿IC車程30分

具有濃厚的南國風情

500m
西浦
西の浦
西國公民館
玄界灘
Beach Cafe SUNSET
野北海水浴場
N

二見浦的海水浴場也很有人氣。

買糸島蔬菜當伴手禮！
糸島有許多產地直銷市場，其中JA糸島所營運的市場「伊都菜彩」不只販賣蔬菜，也有水果、白米、熟食等。
☎092-324-3131 MAP 附錄P3A4

糸島蔬菜有這些！
番茄
紫色高麗菜

休閒風義大利餐廳

ぷかぷか きっちん
PUKAPUKA KITCHEN

海邊的家庭式餐廳
湛藍大海與白色海浪也是饗宴之一

視波浪大小，有時能夠眺望衝浪的景象。餐廳主打「在地的新鮮食材」，從附近農家採購有機蔬菜製成餐廳的招牌沙拉。淋上自製沙拉醬，大口享用新鮮的糸島蔬菜！

☎092-834-5292 住福岡市西區今津4754-1
🕐11時30分～21時30分LO（午餐15時LO）
休週二 P20輛 交今宿IC車程20分

招牌
新鮮沙拉
880日圓

建築物的前方就是大海

1km
海づり公園
海釣公園前 博多灣
柑子岳 大原西
長浜海岸
PUKAPUKA KITCHEN
N

休閒風法國餐廳

うみねこけん
海貓軒

在隱密的西式餐廳
享用在地的季節美食

有如來到朋友家似的沉穩獨棟式餐廳，使用在地的露天栽培蔬菜做成各種料理。全餐也都使用當季食材。照片是午間套餐之一，糸島豬肉與蒸蔬菜佐薑汁。

☎092-328-3117 住糸島市志摩芥屋914-2 🕐12～20時LO（17時～需預約） 休週一（逢假日則翌日休）P市營免費停車場50輛
交前原IC車程30分

玄界灘
604
芥屋的大門
芥屋
海貓軒
立石山
54
引津灣
N 1km

立在巷口的黑貓招牌很醒目

健康全餐
2200日圓
附飯

糸島蔬菜有這些！
花椰菜
櫻桃蘿蔔

搭船只要10分鐘的迷你渡船之旅
3小時就能逛完的能古島

能古島是位在博多灣上周長約12km的花之島。
雖然島嶼很小，但有"福岡的夏威夷"之稱，是不能錯過的觀光景點！

能古島 **MAP** 附錄P3B2～3　能古島觀光服務處☎092-881-2013

連接福岡市與
能古島的渡輪

著名的賞花景點「能古島海島公園」

如何搭渡輪前往

●從能古渡船場（姪濱旅客船客室）出發
從能古渡船場搭乘渡船到能古旅客候船室約10分。除了通勤與通學外，也有不少觀光客搭乘。能古島的波斯菊盛開時期搭船的旅客增多，顯得非常熱鬧。

☎092-881-8709(福岡市營渡船) **Ұ**來回460日圓（單程10分）❸每日出航1日23班（週日、假日21班）❸347桶(1天500日圓)❹前往姪濱可在地下鐵天神站搭乘西鐵巴士往能古渡船場方向的300、301、302、304號約30分，能古渡船場下車 **MAP** 附錄P3C3

市場 ❶

のこのいち
能古市場

第一站首先來此收集資訊

可在這兒買到一些島上種植的蔬菜和水果、特產品等，旁邊就是餐飲店與觀光服務處，是一處便利的景點。

☎092-881-2013 ⏰8時30分～17時30分（視天候、季節會有變動）❹無休 Ｐ無 ❹能古旅客候船室步行即到

提供日本各地寄送服務

貼著可愛標籤的能古島蘇打210日圓

滿滿的島上蔬菜！
能古漢堡450日圓

咖啡 ❷

のこ にこ かふぇ
noco nico cafe

優閒地享用手調咖啡

老闆待客很親切，讓人不禁久待到忘了時間的懷舊風格咖啡廳。另外也有軟綿綿吐司麵包100日圓與餅乾等自製點心。

☎無 ⏰福岡市西區能古457-1 ❸過午～傍晚 ❹不定休（雨天）Ｐ無 ❹能古旅客候船室步行1分

一出渡船場就看得到。渡船出發前剛好可來這兒休憩一下

餐廳 ❸

おーしゃんずきっちん
OCEAN'S KITCHEN

島上最時髦的餐廳

綠意環繞且空間充滿開放感，從店內望出去就看到大海，晚上還能欣賞福岡市的夜景。另外推薦露臺BBQ烤肉3000日圓～（需預約）！

☎092-892-7311 ⏰福岡市西區能古657-8 ❸11時30分～21時LO（週日、假日～20時LO）❹週二 Ｐ無 ❹能古旅客候船室步行5分

▲內部裝潢採木紋基調

◀漢堡肉套餐1600日圓（附沙拉、麵包or白飯、湯品、甜點、咖啡）

博物館 ❹

のこはくぶつかん
能古博物館

介紹島嶼的大自然與歷史、藝術

位在丘陵地的半山腰，美麗的景色盡收眼底。館裡有曾鑑定過金印的學者龜井南冥一家的資料以及島嶼歷史資料，庭園裡則有江戶時期的燒窯遺跡。寬廣的館區最適合悠閒散步。

☎092-883-2887 ⏰福岡市西區能古522-2 ❸10～17時 ❹週一～四（逢假日則照常開館、12月下旬～1月）Ｐ有 ❹能古旅客候船室步行10分

暱稱為「可看見大海的丘陵博物館」。一到櫻花季便成為著名的賞櫻景點

長22m，採7間窯室構造的連房式登窯。市指定史跡

為旅遊增添充實感

特選伴手禮‧飯店資訊

明太子哪裡買都一樣？
哪裡有便宜的飯店？該住哪間豪華飯店？
在此匯集各種伴手禮、飯店資訊
讓旅途更順心愉悅。

道地的辣味及美味在嘴裡蔓延開來
福岡必備伴手禮——辣味明太子

不只「ふくや」，其他牌子的明太子也值得瞧瞧！
每家都是明太子專賣店，無論是特色或口味都是自信滿滿的第1名。

什麼是明太子？

在博多只要提到「明太子」就是指「辣味明太子」。起源於「ふくや」以獨自的調味將被稱為「明太（myonte）」的阿拉斯加鱈魚卵製成「辣味明太子」販售而來。雖屬生鮮食品，也有店家提供日本各地宅配服務。

住吉
なるみや
鳴海屋

美食節目也讚不絕口的明太子

將嚴寒北海裡捕獲的新鮮真子（鱈魚的成熟卵）以低溫儲藏方式長期醃漬而成的。粒粒分明、吹彈可破的溫潤口感很美味。口味種類也不少，有柚子、紫蘇、昆布等。

☎092-471-1616 住福岡市博多区住吉4-1-15 ⏰8時30分～17時30分 休週日 Ｐ無 交JR博多站步行12分 **MAP**附錄P4E3

吟撰明太 1080日圓 （80g）
辛辣口感逐漸轉為溫潤甜味

明太玉子捲
540日圓（150g）
用蛋及海苔包住明太子。也適合當茶點

明太燒賣
864日圓（8個）
將辣味明太子混入日本產豬肉餡中

白菜明太
1404日圓（500g）
淺漬白菜中夾入明太子

烤明太雞翅
1080日圓（5隻）
將雞翅滿滿抹上明太子後燒烤而成的絕品美食

鮪魚酒盜（加明太子）
700日圓（130g）
醃漬鮪魚胃拌明太子散卵

黑田武士 辣味明太子（無著色）
1080日圓（100g）～
使用筑前名酒「黑田武士」製成口感濃厚美味的辣味明太子。福岡市內限定販賣品

東濱 かねふく
かねふく

嚴格的品質管理是美味的秘密

從採購阿拉斯加鱈魚卵起，到鹽漬、加工成辣味明太子皆在嚴格控管之下採自家生產方式製造。彈性、光澤都經由專業師傅做確認。直營店、博多站及福岡機場皆買得到。

☎092-631-3090 住福岡市東区東浜1-5-17 ⏰10～18時 休無休 交地下鐵箱崎線崎宮前站步行10分 **MAP**附錄P2E2

福岡限定！
可愛的
明太子商品

位在MING的「博多桃太郎 MING店」有許多可愛的明太子相關商品，如明太子與喬巴結合在一起的吊飾540日圓，以及凱蒂貓襪子514日圓等。
☎092-431-6575 MAP附錄P6F3

中洲
あじのめんたいこ ふくや なかすほんてん

味の明太子 ふくや 中洲本店

辣味明太子的發源店！

辣味明太子是ふくや的創業老闆在韓國吃了泡菜鱈魚子後研發而來。昭和24年（1949）開賣以來，持續傳承祕傳調味料，從製造到販賣全在自家公司採嚴格控管。
☎092-261-2981 住福岡市博多区中洲2-6-10 ◑8～24時（週日、假日9～19時）休無休 P無 交地下鐵機場線中洲川端站步行5分 MAP附錄P7A3

博多洋芋片
540日圓（120g）
ふくや特製的附辣粉厚洋芋片

辣味（普通）
1080日圓（120g）
全部商品的調味料都不使用酒精，因此可吃出辣味明太子的原味

博多
うめや

うめ屋

持續獲頒最高榮譽的味噌明太子

最有名的味噌明太子在世界食品品質評鑑大會連續9年獲得金獎。用加了豆瓣醬・柚子等特製味噌醬來醃漬明太子，有時隨個人喜好可淋上另附的特製味噌。
☎0120-777-075 住福岡市博多区博多駅南1-3-9 The B 博多1F ◑9～18時 休不定休 P無 交JR博多站步行5分 MAP附錄P4F2

明太味芝麻
200日圓（40g）
可拌飯、炒菜或加在烏龍麵裡

味噌明太子
1100日圓（100g）
味噌融入明太子裡，讓味道變得非常濃郁

祇園
しまもと はかたえきまえてん

島本 博多駅前店

只在博多才買得到的私房名店

堅持使用最頂級的北海道產鱈魚子，招牌為新鮮美味的辣味明太子。微辣的溫和口味以及粒粒分明的魚卵為其特色，乃當地計程車司機都推薦的店家之一。
☎092-291-2771 住福岡市博多区御供所町2-63 ◑9～19時 休無休 P無 交地下鐵機場線祇園站步行即到 MAP附錄P7C2

明太美乃滋
324日圓（115g）
可用在義大利麵、沙拉、三明治等

特製辣味明太子
1080日圓（100g）
肥厚明太子裡塞滿了一顆顆的魚卵

柳橋
どんたく めんたい なかや

どんたく めんたい 中弥

可秤重計價的親民商店，有賣切塊明太子！

位在柳橋聯合市場裡，是一間也有販賣鯨魚肉與乾貨的人氣店。辣味明太子是使用大塊魚卵且大顆粒的鱈魚子醃漬120小時以上自製而成，就連當地的廚師們都讚不絕口。
☎092-761-2117 住福岡市中央区春吉1-5-1柳橋聯合市場內 ◑7時～17時30分 休週日、假日 P無 交地下鐵七隈線渡邊通站步行3分 MAP附錄P4D3

沙丁魚明太子
1750日圓（4～6尾）
油脂豐富的沙丁魚肚裡塞滿明太子！

特製辣味明太子
756日圓（100g）～
可直接吃，也可用附贈的特製醬汁調整辣度

「味の明太子 ふくや」有開放工廠參觀及體驗手工製作等活動。洽詢☎092-621-8989

贈送給最重要的人
博多人喜愛的高品味伴手禮

從百年歷史老舖的和菓子到新潮流行的西式甜點店，
在此介紹一些讓挑剔的博多人都能認同的絕品甜點。

收到一定會很高興。

✛
馬卡龍
1個162日圓

外觀也很可愛，是店
裡的熱銷商品。口味
種類很多，有抹茶、
柚子、開心果等。

✛
一口石疊
9個1026日圓

將特選的鮮奶油包進
上等製成的生巧克力
中，屬新型態的松露
巧克力

千代
あるでゅーる ほんてん
アルデュール 本店

種類豐富又季節感十足的甜點

將馬卡龍帶進博多的法式
甜點店。使用季節性食
材，混入打發蛋白後烤出
絕妙的酥軟口感。其他還
有年輪蛋糕和果醬等，都
是用心做出來的甜點。

1 展示玻璃櫃內一整排色彩鮮艷
的馬卡龍 2 杏仁咕咕洛夫1個
1080日圓

☎092-982-7216 住福岡市博
多区千代4-29-30 時10〜20
時 休週日 P1輛 交地下鐵機
場線馬出九大病院前站步行5
分 MAP附錄P2E3

網場町
ちょこれーとしょっぷ ほんてん
チョコレートショップ 本店

聞名全日本的 "博多巧克力" 本店就在這裡

第一代老闆曾在舊帝國飯店
及歐洲研修過，是一間至今
仍忠實傳承當初口味的松露
巧克力專賣店。強調安心且
安全，堅持手工製作及維持
新鮮度維持，店內甚至還有
專用的冷藏區。其他蛋糕和
餅乾類也不少。

2 常備有50種，讓人難以選擇
2 博多年輪巧克力蛋糕1404日
圓

☎092-281-1826 住福岡市博
多区網場町3-17 時10〜20時
（週日、假日〜19時）休不定休
P6輛 交地下鐵機場線中洲川端
站步行5分 MAP附錄P4D1

小眼睛的
小雞豆沙包是
福岡知名的
伴手禮

擁有可愛小眼睛的知名小雞豆沙包
ひよ子，是在大正元年（1912）甜
點製作盛行的福岡縣筑豐飯塚所誕
生的，現在已成為全日本知名的甜
點。☎092-541-8211
※JR博多站、福岡機場、主要百貨公司皆可購買。

✛
胡桃
1個195日圓
將核桃放進白餡裡，
再用柔軟落雁包裹成
核桃形狀的半生菓子

✛
福梅最中
1個157日圓
手芒豆所作成的白餡
中加入風味醇厚的金
時豆，再夾入香氣十
足的餅皮中

赤坂
おかしどころ ごとう
御菓子處 五島
每一種都是以手工細心製作而成的溫潤口感

以梅花裝飾的時尚和風和
菓子店，展示玻璃櫃內擺
滿讓人看了大為驚嘆的美
麗精細生菓子和乾菓子。
羊羹與表現季節感的創意
和菓子網路評價很不錯，
在全日本的知名度也逐漸
升高。

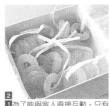

1 為了能與客人直接互動，只有
在店面販賣　**2** 乾菓子五福圈
1080日圓

☎092-731-5100 住福岡市中
央区赤坂3-1-21 時9～19時
（假日～17時）休週日 P2輛 交
地下鐵七隈線櫻坂站步行7分
MAP附錄P5B3

春吉
かげつどうじゅえい
花月堂寿永
創業超過120年，堅守傳統製法的人氣日式甜點

創業於明治22年（1889）。在
福岡只要提到最中紅豆餅，多
數人便會聯想到這家店。招牌
商品「福梅最中」有著可愛的
梅花造型，從販賣當初便以傳
統手法製造至今，口味不變而
很受歡迎，也非常適合買來當
伴手禮。

1 本店開了60多年之久　**2** 肉桂
味四溢的唐丹241日圓受到各年
齡層的人喜愛

☎092-761-0278 住福岡市中
央区春吉2-7-20 時10～20時
休週日 P無 交地下鐵機場線
中洲川端站步行10分 MAP附
錄P7A4

江戶時代，從海路登陸長崎的砂糖是經由一路延伸到小倉的長崎街道分送到全日本。福岡從歷史上來講也是與甜點淵源很深的地方。

本書精選高級伴手禮
展現傳統技術與典雅氣質的各種精品

從溫潤甜味的日式甜點到布製精品，以及質感溫潤的陶器，
有許多至今仍保有傳統技術的多樣化伴手禮可供挑選。

1

那の香
1盒9個1620日圓
精選雞蛋做成的雪嫩蛋
糕層裡加入醃漬橘皮的
日式甜點。上等甜味與
清爽香氣在嘴裡化開，
是人氣度很高的饋贈禮
品

2

博多織名片夾 各2592日圓
博多織是擁有約770年悠久歷史的博
多傳統工藝。「HAKATA JAPAN」
保有高度技術並創造許多嶄新時尚
設計。除了名片夾，也有包包和居
家小飾品等，商品種類豐富

4

5

久留米絣書衣
1個2160日圓
使用久留米絣做成的優質
觸感書衣。另有記事本書
衣

小石原燒 蕎麥豬口杯 各1290日圓
福岡縣朝倉郡東峰村・太田哲三窯
的作品。傳承了小石原燒的飛鉋
（圖右）、ポン描き（左）等獨特花
紋，令人百看不厭

Tool Tote Small 3240日圓
直立式包包。大容量的Tool Tote
4200日圓

博多通りもん
10個1080日圓

牛奶味的外皮包裹白餡後，再細心烘烤而成的日式饅頭。結合了日式與西式食材的甜點充滿著博多人的玩心。1個97日圓

tatamize
1080日圓

使用上等阿波和三盆糖製成的乾菓子。上頭印著市松圖案，有「芝麻」、「黃豆粉」2種口味。

○籠 8個1350日圓

使用佐賀縣產糯米HIYO KUMOCHI做成外皮，包入十勝產紅豆餡後一個個烤出來的

鈴籠 10個1566日圓

裡頭包了鈴懸傳統豆餡，呈鈴噹形狀的最中紅豆餅。甜香的最中紅豆餅使用的是新潟產糯米「KOGANEMOCHI」

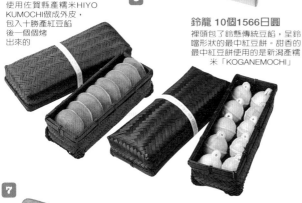

二○加煎餅
3片×4盒 540日圓

「博多仁和加」是一種帶著有趣面具進行口語遊戲的民俗技藝。這家就是將煎餅做成這種有趣面具造型的店。無論是贈禮方還是受贈方，看了都會不禁莞爾

須崎町
1 はねや 萬年家

☎092-291-1592 住福岡市博多区須崎町2-1石村萬盛堂本店内 🕘9～20時 休無休 P4輛 交地下鐵機場線中洲川端站步行5分 MAP附錄P8E1

川端
2 はかた じゃぱん HAKATA JAPAN

☎092-263-1112 住福岡市博多区下川端町3-1博多Riverain1F 🕘10時30分～19時30分 休無休 P無 交地下鐵機場線中洲川端站步行即到 MAP附錄P8F1

川端
3 めいげつどう かわばたてん 明月堂 川端店

☎092-281-1058 住福岡市博多区上川端町5-104 🕘9時30分～20時 休無休 P無 交地下鐵機場線中洲川端站步行7分 MAP附錄P7B2

大名
4 じぇいず すたいる あんど りびんぐ J's Style & Living

●DATA請參考P91

六本松
5 ぎー gi

☎092-741-1533 住福岡市中央区六本松3-16-33 🕘11～19時 休週一 P2輛 交地下鐵七隈線六本松站步行10分 MAP附錄P5A3

川端
6 すずかけほんてん 鈴懸本店

☎092-291-0050 住福岡市博多区上川端町12-20 🕘9～20時(喫茶11時～) 休無休 P無 交地下鐵機場線中洲川端站步行即到 MAP附錄P8F1

天神等
7 にわかせんぺいほんぽ とううんどう 二○加煎餅本舖 東雲堂

洽詢092-611-2750（總公司工廠）
●販賣店舖在岩田屋本店（☞P72）、JR博多站等處

福岡伴手禮 ●展現傳統技術與典雅氣質的各種精品

「博多織」是擁有770年悠久歷史的傳統工藝品。曾被指定為獻給江戶幕府之貢品，至今仍是很有人氣的伴手禮。

來去住
舒適高級的飯店

日本國內外VIP及名人下榻福岡時的首選飯店、
到以優美景色自居的飯店、洋溢著度假風情的海景飯店等，選擇性非常多！

ざるいがんず すぱ&りぞーと

THE LUIGANS
Spa & Resort

所有客房皆能看到海景的
私人景觀度假飯店

位在海之中道的最頂級度假飯店。
從墨西哥進口的裝飾家具、餐廳和
沙發吧及椰子樹環繞的游泳池等，
讓人彷彿身處海外渡假區。THE
LUIGANS樓層的客房裡備有DVD與
音響設施、瑜珈墊等，迷你酒吧的
氣泡酒與日本產果汁是免費服務。

☎092-603-2525 🏠福岡市東區西戶崎
18-25 🚌JR博多站有接駁巴士可搭乘（需
洽詢），或JR香椎線海之中道站步行3分
🅿100輛 MAP 附錄P3C1 ●共98間客房
●8層樓 ●2007年開幕

魅力之處
福岡市區夜景
所有客房皆能看到對岸閃閃發
亮的福岡市區夜景，非常浪漫

棒｜全部都是海景房。附陽台的客房也很
sol」SPA設備「luz del
情侶也可。起使用（需預約）
3 餐廳「The lounge on
the water」（→P99）

╔═══ 費用 ═══╗
1晚附早餐（2人住宿之1房費用）
✣ 雙床房18000日圓～
✣ 女性專案37400日圓～（附美容護膚）
🕐 IN 15時 OUT 12時

魅力之處
專用的
「THE PENTHOUSE」
早餐至13時，也有提供飲料服務，
是房客專用的沙發吧

有房客專用的露天按摩池，24
小時免費（需預約）

うぃずざ すたいる ふくおか

WITH THE STYLE
FUKUOKA

以「在飯店玩樂」為概念的
時尚成熟風格飯店

距離博多站只要步行7分，是一間交
通方便且椰林聳立的隱密風飯店。
由新銳建築師所設計的時尚建築物
採中央挑高式水池花園景觀，所有
客房皆備有陽台，晴朗之日也可在
陽台享用早餐。餐廳與酒吧評價很
高，不過房客專用的沙發吧更具私
人隱密性，充滿奢華氣氛。

☎092-433-3900 🏠福岡市博多區博多駅
南1-9-18 🚇JR博多站筑紫口步行7分
🅿20輛 MAP 附錄P4F3 ●共16間客房
●4層樓 ●2004年開幕

╔═══ 費用 ═══╗
1晚附早餐（2人住宿之1房費用）
✣ 雙人房45200日圓～
✣ 雙床房58580日圓～
🕐 IN 16時 OUT 14時

博多站周邊

えーえぬえーくらうんぷらざほてるふくおか

ANA Crowne Plaza Fukuoka

從博多站步行5分的高級飯店

沉穩氣氛的客房一共320間。由IHG（洲際酒店集團）所提供的好眠專案廣受好評，提供包括Tempur等5種枕頭可挑選，還有早晚飲用的茶水、入浴劑及溫熱眼罩等幫助睡眠的各種服務。也有內附游泳池和健身房（房客使用1種設備1天1000日圓）的運動中心可利用。

✤ 魅力之處 ✤
「Crowne Cafe」的自助式餐廳

午餐＆甜點自助式餐廳1998日圓（平日），是電視和當地雜誌的人氣排行榜常客

············ 費 用 ············
✤ Superior Twin Room 14500日圓～
✤ Club Twin Room 22500日圓～
🕐 IN 14時 OUT 12時

☎092-471-7111 🏠福岡市博多區博多站前3-3-3 🚆JR博多站博多口步行5分 🅿98輛（1晚1550日圓）MAP附錄P6E4 ●共320間客房（S83・T206・其他31間）●地下1樓地上15層樓 ●2008年品牌重整開幕

雙床房整體設計採典雅基調

寬廣舒適的Moderate Twin Room

✤ 魅力之處 ✤
「Green House」的氣氛

餐廳裡裝飾著法國畫家保羅・賈曼所描繪的3幅異國風畫作！

············ 費 用 ············
✤ 單人房20000日圓～（全天）
✤ 雙床房33000日圓～（全天）
🕐 IN 14時 OUT 12時

☎092-714-1111 🏠福岡市中央區渡邊通1-1-2 🚆地下鐵七隈線渡邊通站步行即到 🅿350輛（1晚1500日圓）MAP附錄P10F3 ●共387間客房（S35・T311・其他41間）●地下1樓地上14層樓 ●1978年開幕

渡邊通周邊

ほてるにゅーおーたにはかた

博多新大谷飯店

擁有許多VIP客層的傳統老飯店 具世界頂級的待客服務

新大谷飯店集團是受到全世界貴賓喜愛的高水準飯店。1～2F是購物樓層，有20家以上的名牌精品及雜貨、咖啡廳等。行政樓層以深茶色為基調帶出高級感，雙人房備有按摩椅。距離天神與博多站周邊不遠，地理位置絕佳，無論觀光還是商務都非常合適。

港灣區周邊

ひるとんふくおかしーほーく

福岡海鷹希爾頓飯店

所有房間皆為海景房！ 福岡的地標

以豪華客船為藍圖的大型飯店內一共有1053間客房，加上2014年重新改裝開幕的「ブラッセリー＆ラウンジ シアラ」等7家餐廳、游泳池、健身中心、購物中心等，附加設備非常充實。從客房可以看到博多灣，充滿度假氣氛。福岡Yahuoku！巨蛋（→P96）及福岡塔（→P97）等觀光景點都在徒步範圍內。

✤ 魅力之處 ✤
夢幻的全景套房

擁有全視野按摩浴缸的超人氣客房，最適合情侶入住

············ 費 用 ············
✤ 單人房8500日圓～
✤ 雙床房14000日圓～
✤ 雙人房14000日圓～
🕐 IN 14時 OUT 11時

☎092-844-8111 🏠福岡市中央区地行浜2-2-3 🚆地下鐵機場線唐人町站步行16分，或天神搭乘西鐵巴士往福岡塔南口方向16分，在福岡海鷹希爾頓下車 🅿800輛（1晚1500日圓）MAP附錄P12E1 ●共1053間客房 ●地下2樓地上35層樓 ●1995年開幕

能欣賞博多灣早晨與傍晚迷人景色的客房

📖 博多站和天神站周邊有許多舒適的商務飯店，以及女性盥洗用品很齊全的平價飯店。

福岡市區飯店

博多站周邊
にしてつついんはかた
西鐵INN博多

大浴場很受歡迎的商務飯店

有內附三溫暖的大浴場以及女性專用樓層等。單人房的床型皆採用雙人床尺寸，讓人一夜好眠。 **DATA** ☎092-413-5454 **住**福岡市博多區博多駅前1-17-6 **交**JR博多站博多口步行4分 **P**68輛（1晚1500日圓）**MAP**附錄P6E2 **¥**S平日7800日圓～（假日7800日圓～）、T14400日圓～（假日14400日圓～）**IN**15時 OUT10時 **全**503間客房（S479・T24室）**地上14層樓・2006年開幕

博多站周邊
さっとんほてるはかたしてい
Sutton Hotel Hakata City

木質地板及大床廣受好評

浴缸很大，連男性都能把腳伸直，再加上大床以及寬廣的飯店大廳都是人氣理由。不僅提供免費Wi-Fi，也有免費商務區。 **DATA** ☎092-433-2305 **住**福岡市博多區博多駅前3-4-8 **交**JR博多站博多口步行5分 **P**可利用周邊停車場 **MAP**附錄P4F2 **¥**S平日17000日圓～、T26000日圓～ **IN**15時 OUT11時 **共**162間客房（S69・T53・其他40間）**地下1樓地上13層樓・2011年開幕

博多站周邊
はかたぐりーんほてる あねっくす
博多グリーンホテル アネックス

距離車站很近，地理位置絕佳

搭乘電梯也需使用客房鑰匙卡，安全管理萬無一失。客房寬敞，附有加濕空氣清淨機以及全客房個別Wi-Fi。 **DATA** ☎092-451-4112 **住**福岡市博多區博多駅中央街4-32 **交**JR博多站筑紫口步行1分 **P**有簽約停車場（1晚1500日圓）**MAP**附錄P6F3 **¥**S全日9000日圓～、T全日14800日圓～ **IN**13時 OUT12時 **共**180間客房（S135・T18・其他27間）**地上11層樓・2009年開幕

博多站周邊
くりおこーとはかた
Hotel CLIO COURT Hakata

首次造訪博多也能安心下榻的好地段

博多站就位在眼前的便利飯店。附設日本料理店、咖啡廳、居酒屋等，不僅適合觀光和商務，也適合攜帶小朋友的旅客下榻。 **DATA** ☎092-472-1101 **住**福岡市博多區博多駅中央街5-3 **交**JR博多站筑紫口步行即到 **P**39輛（1晚1500日圓）**MAP**附錄P6F3 **¥**S平日10500日圓～（假日10500日圓～）、T18000日圓～（假日18000日圓～）**IN**14時 OUT11時 **共**177間客房（S42・T100・其他35間）**地下3樓地上14層樓・1985年開幕

博多站周邊
こんふぉーと ほてるはかた
Comfort Hotel Hakata

佇在博多站前，提供免費早餐服務

世界連鎖飯店之一。提供房客免費早餐、早報、咖啡等服務，隨時都有優惠方案。 **DATA** ☎092-431-1211 **住**福岡市博多區博多駅前2-1-1 **交**JR博多站博多口步行1分 **P**簽約停車場100輛（1晚1300日圓）**MAP**附錄P6E3 **¥**S平日6000日圓～（假日前日8900日圓～）、T11000日圓～（假日前日16500日圓～）**IN**15時 OUT10時 **共**242間客房（S162・T67・其他13間）**地下2樓地上14層樓（飯店10～14F）・2004年開幕

博多站周邊
てんねんおんせん そでみなとのゆ どーみーいん ぷれみあむ はかたきゃなるしていまえ
天然温泉 袖湊の湯
ドーミーインPREMIUM博多・キャナルシティ前

優質睡眠與療癒的空間

氯化物天然溫泉大浴場素有"美人湯"之稱，早餐是附主餐的西式半自助餐。從客房TV可事先確認餐廳和大浴場的人潮。 **DATA** ☎092-272-5489 **住**福岡市博多區祇園町9-1 **交**JR博多站博多口步行10分 **P**26輛（1晚1800日圓）**MAP**附錄P7C3 **¥**S平日7290日圓～（假日前日12300日圓～）、TT12390日圓～（假日前日19500日圓～）**IN**15時 OUT11時 **共**122間客房（S88・T33・其他1間）**地上9層樓・2011年開幕

博多站周邊
ざ・びーはかた
the b hakata

時尚設計風格的飯店

客房採用暖色系及自然色木材做基調，整體空間呈現溫馨感。健康均衡的早餐頗受好評。 **DATA** ☎092-415-3333 **住**福岡市博多區博多駅南1-3-9 **交**JR博多站筑紫口步行5分 **P**3輛（1晚1000日圓※採預約制）**MAP**附錄P4F2 **¥**S平日15000日圓～（假日前日15000日圓～）、T22000日圓～（假日前日22000日圓～）**IN**15時 OUT11時 **共**175間客房（S161・T7・其他7間）**地上8層樓・2008年重新改裝開幕

博多站周邊
でゅーくすほてるはかた
DUKES HOTEL HAKATA

飯店飄散著優雅的芳香乾燥花香

感受知名品牌的精油乾燥花香洗禮，是一間流露歐風氣息的飯店。衛浴用品準備的是PROVINSCIA品牌商品。1F有咖啡餐廳。 **DATA** ☎092-472-1800 **住**福岡市博多區博多駅前2-3-9 **交**JR博多站博多口步行2分 **P**有簽約停車場（1晚1500日圓）**MAP**附錄P6D3 **¥**S平日8424日圓～（假日8424日圓～）、T14040日圓～（假日14040日圓～）**IN**15時 OUT11時 **共**153間客房（S135・T9・其他9間）**地上10層樓・1996年開幕

ホテル法華クラブ福岡
博多站周邊　ほてるほっけくらぶふくおか

附大浴場的平價都會飯店

價格便宜是最大魅力。女性浴場早上也有開放，採電子鎖方式令人安心。自助式早餐有許多知名九州美食。(DATA) ☎092-271-3171 ⃞福岡市博多区住吉3-1-90 ⃞JR博多站博多口步行10分 ⃞可利用周邊停車場 (MAP)附錄P4E3 ⃞S平日8640日圓～(假日8640日圓)、T15120日圓～(假日15120日圓～) ⃞IN15時 OUT10時 ●共225間客房(S194・T31) ●地下1樓地上10層樓・2008年重新改裝開幕

Plaza Hotel Premier
天神站周邊　ぷらざほてるぷるみえ

位於大名的精品飯店

充滿歐洲風格的飯店入口及大廳、露臺餐廳都令人印象深刻。客房採木紋基調的柔和氣氛。附近精品店也都很漂亮。(DATA) ☎092-734-7600 ⃞福岡市中央区大名1-14-13 ⃞地下鐵機場線天神站2號出口步行7分 ⃞30輛(1晚1500日圓) (MAP)附錄P9B4 ⃞S平日7800日圓～(假日7800日圓)、T15000日圓～(假日15000日圓～) ⃞IN15時 OUT11時 ●共170間客房(S147・T14・其他9間) ●地上9層樓・1994年開幕

福岡蒙特利拉蘇瑞酒店
天神站周邊　ほてる もんとれ ら＊すーる ふくおか

深受女性喜愛的歐式風格

以藝術之國比利時為主題，採用藝術運動＆裝飾風格，整體空間顯得很優美。提供睡衣、空氣清淨機、負離子吹風機等完善服務。(DATA) ☎092-726-7111 ⃞福岡市中央区大名2-8-27 ⃞地下鐵機場線天神站1號出口步行2分 ⃞28輛(1晚1500日圓) (MAP)附錄P9B3 ⃞S平日17500日圓～(假日17500日圓)、T28000日圓～(假日28000日圓～) ⃞IN15時 OUT11時 ●共182間客房(S90・T90・其他2間) ●地上12層樓・2003年開幕

Richmond Hotel Fukuoka Tenjin
天神站周邊　りっちもんどほてるふくおかてんじん

位在超級便利的天神鬧區正中央

免費提供的女性衛浴用品包括了獨家卸妝乳、護髮＆護髮用品、入浴劑等，貼心舒適廣受好評。(DATA) ☎092-739-2055 ⃞福岡市中央区渡辺通4-8-25 ⃞地下鐵機場線天神站12C出口步行7分 ⃞32輛(1晚1500日圓) (MAP)附錄P10D2 ⃞S平日8500日圓～、T15000日圓～ ⃞IN14時 OUT11時 ●共248間客房(S164・T47・其他37間) ●地上13層樓・2007年開幕

ホテル天神プレイス
天神南站周邊　ほてるてんじんぷれいす

屬都會型複合式大樓的一部分

位在有餐廳、商店、住家等複合式大樓裡，有如當地居民般的住房感受很特別。採用席夢思品牌雙人床以上的大床，非常舒適。(DATA) ☎092-733-1234 ⃞福岡市中央区今泉1-2-23 ⃞地下鐵七隈線天神站1號出口步行3分 ⃞153輛(1晚200日圓) (MAP)附錄P10D3 ⃞S平日7700日圓～(假日前日1200日圓)、T164000日圓～(假日前日22600日圓～) ⃞IN15時 OUT11時 ●共96間客房(S72・T8・其他16間) ●地上10層樓・2009年開幕

Hotel MyStays福岡天神南
天神南站周邊　ほてるまいすていずふくおかてんじんみなみ

從1晚到長期住宿都沒問題！

客房類型選擇多，如附餐具＆烹飪器具的公寓式房型，以及附陽台的飯店房型等。住2晚以上可享有折扣專案，很適合長期下榻的旅客。(DATA) ☎092-286-1700 ⃞福岡市中央区春吉3-14-20 ⃞地下鐵七隈線天神南站6號出口步行5分 ⃞3輛(1晚1500日圓) (MAP)附錄P10F1 ⃞S平日6900日圓～(假日6900日圓～)、T13500日圓～(假日13500日圓～) ⃞IN15時 OUT11時 ●共177間客房(S157・T14・其他6間) ●地上8層樓・2008年開幕

CANDEO HOTELS THE HAKATA TERRACE
中洲川端站周邊　かんでおほてるず ざ·はかたてらす

時髦又舒適的隱密飯店

2011年春天開幕的時尚飯店。所有客房皆有客廳（部份附陽台），可眺望那珂川對岸的博多美麗夜景。(DATA) ☎092-734-0300 ⃞福岡市中央区春吉2-4-14 ⃞地下鐵七隈線中洲川端站1號出口步行12分 ⃞可利用周邊停車場 (MAP)附錄P7A4 ⃞S平日9990日圓～(假日13000日圓～)、T13000日圓～(假日13000日圓～) ⃞IN15時 OUT11時 ●共29間客房(S9・T20) ●地上9層樓・2011年開

Seaside Hotel TWINS MOMOCHI
福岡港灣區　しーさいどほてる ついんずももち

港灣區觀光最方便的平價飯店

2011年12月開幕。距離福岡市區和巨蛋、海鷹城都很近，是在港灣區旅遊時最適合下榻的大眾化飯店。(DATA) ☎092-822-5001 ⃞福岡市早良区百道浜1-7-4 ⃞醫師会館·ソフトリサーチパーク前巴士站步行1分 ⃞有簽約停車場(1晚1100日圓) (MAP)附錄P12E1 ⃞S平日6480日圓～(假日6480日圓～)、T9000日圓～(假日9000日圓～) ⃞IN15時 OUT10時 ●共198間客房(S53・T29・其他116間) ●地上11層樓・2011年開幕

福岡市區飯店 ● 舒適高級的飯店

S→單人房　T→雙床房　P112－113所記載的是1個房間無附早餐的一晚住宿費用。費用視季節·人數不同有所變動。　　**113**

往太宰府

半天

參拜完學問之神後可到參道買名產

祭祀學問之神‧菅原道真公的太宰府天滿宮是主要景點。擁有1100年的歷史，也是全日本天滿宮的總本宮，有許多重要文化財可參觀。參道上約有40家店在賣名產梅枝餅，祭拜完可去買來吃吃看。九州國立博物館介紹的是日本與亞洲交流的歷史，帶有藝術感的展示方式值得一瞧。參考P116。

到唐津

1天

漫步城下町及參觀燒窯場

自古以來這裡便是與大陸文化交易的要塞。明治時代因做為石炭運出港而繁榮一時，至今還保存了當時的洋房。虹之松原是日本三大松原之一，乃17世紀初由唐津藩主寺澤廣高做為防風林所種植，廣布範圍全長約5km。這兒還以唐津燒聞名，可去參觀燒窯場。用唐津燒陶器盛裝的玄界灘海產也非常美味。參考P130。

往柳川

半天

在與詩人白秋有淵源的城下町遊船觀光

以挖掘方式做出來的網狀水路貫穿了城鎮，如此獨特的景觀最適合搭乘遊船悠閒地欣賞。紅磚並倉建築與海鼠壁結構，處處可感受到北原白秋的詩人世界。柳川藩主立花家的宅邸御花是一棟復古的木造洋房，讓人沉浸在明治時代的華麗文化氣息。名產是柳川起源的蒸籠鰻魚飯。這兒也是可品嚐到有明海海鮮料理的美食之町。參考P120。

往門司港

1天

隨處可見復古洋房的港都

門司是明治時代日本國內屈指可數的繁榮貿易港。有許多明治～大正時代壯觀的紅磚洋房及復古風建築物，漫步在此令人沉浸於一股懷舊氣氛當中。望著沒入關門海峽的夕陽與華燈初上的街景，旅遊的回憶想必也會更加深刻。越過了關門海峽，對岸就是與平清盛淵源很深的山口縣。唐戶市場可吃到各種非常新鮮的海產料理。參考P124。

稍微走遠一些
從福岡市出發的小旅行

福岡市的郊外也有不少具吸引力的觀光景點。
搭電車只要約1小時就能抵達，
也是這些景點的魅力所在。要不要再多留一天呢？
旅遊行程必定會更加豐富。

前往祭祀學問之神菅原道真
綠意盎然的太宰府天滿宮

太宰府天滿宮每年吸引了日本國內外700萬人次參拜。
走在樟樹環繞的莊嚴鎮守之林，讓身心都得到洗滌。

＋從福岡
搭電車30分

＋太宰府
是這樣的地方

7世紀後半，建立了規模有平城京3分之1大的「大宰府」做為西日本的政治、經濟、外交中心。除了保有許多遺跡和古老神社外，擁有1100年歷史的太宰府天滿宮，以及全日本第四座國立博物館也非常值得參觀。參道散步時不要忘了買知名的梅枝餅來嘗嘗。

交通方式

🚌 電車：西鐵福岡（天神）站搭乘西鐵大牟田線特急，到西鐵二日市站13分，再轉乘西鐵太宰府線到西鐵太宰府站5～8分

🚗 開車：從天神北IC進入福岡都市高速道路，到水城IC15km，再轉縣道112・76號到西鐵太宰府站5km

洽詢 太宰府市觀光服務處 ☎092-925-1880
藏大圖 附錄P12D～F2

推薦路線

所需時間約3小時

西鐵太宰府站
▼ 步行5分
| 太宰府天滿宮 |
（經由連結通道）
▼ 步行5分
| 九州國立博物館 |
（經由連結通道）
▼ 步行5分
| 午餐＆參道散步 |
▼ 步行5分
| 西鐵太宰府站 |

現在的本殿是大正19年（1591）所重建，令人印象深刻的華麗裝飾是採五間社流造的神社建築式樣

だざいふてんまんぐう
太宰府天滿宮
將桃山時代的式樣
傳承至今的雄偉本殿

祭祀平安初期因被陷害而遭左遷並抑鬱而終的學者・政治家菅原道真公。只要報名御祈願，就能進到被列為國家文化財的本殿，也是道真公之墓所在處。香油錢（初穗料）5000日圓～。本殿右側有一棵據說是為了追隨道真公而從平安都飛來的「飛梅」。

☎092-922-8225 🏠太宰府市宰府4-7-1 🕐境內自由參觀（但樓門內為6時30分～19時，視季節而異。12月31日～1月3日早晚開門）🚫無休 🚃西鐵太宰府站步行5分 🅿2000輛（1次500日圓）MAP附錄P12E2

1 本殿舉辦的御祈願。報名時間8時45分～17時左右 **2** 御祈願結束後會贈與御禮和御守 **3** 飛梅。2月上旬是盛開期

樓門 ろうもん

屋頂採檜皮式樣的二重門。正面是二重屋頂、背面是一重屋頂，這種正反面採不同構造的樣式在全日本也屬少見

御神牛 ごしんぎゅう

與道真公淵源甚深的牛。據說只要摸摸牛像，身上的病痛處就能痊癒

寶物殿 ほうもつでん

收藏了道真公的親筆文書以及國寶歷史書「翰苑」等約5萬件文物。🕐9～16時（入館）休週一（逢假日則翌日休）¥400日圓

——— 推薦路線

太宰府天滿宮 P.116

九州國立博物館 P.117

昔公歷史館　夫婦樟　太宰府遊樂園入口　七彩的連結通道　餐廳 GREEN HOUSE

本殿　飛梅求籤　曲水之庭　九州國立博物館入口

免費休息處　誠心館　大樟　樓門　御神牛　手水舍　文書館　手扶梯

鶯鳥像　寶物殿

繪馬堂　太鼓橋　東神苑　昌蒲池　志賀社　太鼓橋

社務所　平橋　心字池　延壽王院　石造鳥居　御神牛

寺田屋 P.118　綜合服務處　往光明禪寺　東風吹かば之歌碑

傘の家 P.118　びいどろ太宰府 P.118

風見鶏 P.119　やす武 P.119　ぎゃらり楓 P.119

太宰府派出所　太宰府參道天山 P.119

梅園 P.119

西鐵太宰府站

祈求除厄招福。除厄葫蘆懸掛處

樹齡高達1000年以上的夫婦樟樹。祈求家庭圓滿

求籤

共10色，會隨季節替換顏色。1次100日圓

祈求旅遊平安。屬重要文化財的志賀社

利用手扶梯與電動步道，移動起來輕鬆許多

這裡也不容錯過

太鼓橋・平橋 たいこばし・ひらばし

位在參道上的神橋，分別是太鼓橋、平橋、太鼓橋，三座相連，依序代表過去、現在、未來

鶯鳥像 うそのぞう

太宰府天滿宮的守護鳥，據說會常來好運。旁邊有一座古代中國的聖獸麒麟像

きゅうしゅうこくりつはくぶつかん

九州國立博物館

繼東京、奈良、京都後所新建的國立博物館。以許多國寶和重要文化財來介紹日本與亞洲的交流歷史。也可透過聲音和觸感體驗。

☎050-5542-8600　🏠太宰府市石坂4-7-2　¥430日圓（特展門票另計）🕐9時30分～17時　休週一（逢假日或補假則翌日休）🚉西鐵太宰府站步行10分　🅿313輛（1次500日圓）MAP附錄P12E2

📖 天滿宮內的梅林和樟樹林被環境省選為「香氣風景百選」之一。吹拂樟樹引起的沙沙風聲很悅耳。

天滿宮參拜結束的回程
可在熱鬧的參道購買伴手禮

以太宰府天滿宮的象徵梅花為模樣的伴手禮種類非常多。
可一邊吃著名產梅枝餅，一邊逛逛約有90家店舖的參道。

梅枝餅。中央印有梅花形狀

てらだや
1 寺田屋

坐在鋪了毛氈的露臺座品嘗梅枝餅

位在參道上的茶屋。梅枝餅120日圓，可在店內的咖啡座或店後面的日本庭園享用。另有抹茶及咖啡套餐。

☎092-922-4064 住太宰府市宰府4-6-15 ⏰9時～17時30分 休第1、3週三（1～3月除外）交西鐵太宰府站步行4分 P無 MAP附錄P12E2

抹茶套餐
（附梅枝餅）
700日圓

不能錯過的梅枝餅

據說是一位老婆婆為了安慰被迫遷離都城的道真公，附上梅花枝幹一起送給他而來的。裡頭包了紅豆餡，現烤的特別好吃！參道上約有40家販賣處，也有可坐在裡頭吃的店舖。1個120日圓。

⛩

⛩
3

天滿宮 → 太宰府

1 寺田屋

簡樸店內裝飾著許多太宰府的民藝品

2 傘の家

かさのや
2 傘の家

可帶來好運
為準考生打強心針

葫蘆便當裡裝滿了炸豬排、紅豆飯、醋拌紅白蘿蔔絲等能招來好運的菜，是40年來熱賣的便當，更有不少金榜題名的客人特地回來答謝。

☎092-922-3587 住太宰府市宰府3-2-41 ⏰9～17時（食堂10～16時）休不定休 交西鐵太宰府站步行4分 P無 MAP附錄P12D2

合格便當1155日圓。只能內用

びいどろださいふ
3 びぃどろ太宰府

帶來清涼感的梅花
可買給自己當禮物

有許多與紅白梅及學問之神相關的祈求合格之玻璃小擺飾。全為手工製作，每個都不太一樣，可挑選一個喜歡的帶回去。

☎092-922-3611 住太宰府市宰府2-7-17 ⏰10～18時 休不定休 交西鐵太宰府站步行3分 P無 MAP附錄P12D2

梅花直徑約1cm。梅花座各378日圓

求良緣梅花御守432日圓。說不定能覓得好姻緣!?

4 ぎゃらり楓

把香氣的回憶帶回家

用道真公深愛的梅花所做成之特製薰香是招牌商品。其他各種梅花造型的可愛雜貨也很多。在印度製作的原創裙子（藍染）1680日圓廣受好評。

☎092-920-2332 住太宰府市宰府2-7-15 ⏰9時30分～17時 休不定休 交西鐵太宰府站步行3分 P無 MAP附錄P12D2

薰香、梅花香、都府樓之櫻各540日圓、香盤650日圓

原創設計的梅花零錢包。1個350日圓很便宜

置筷架1個280日圓～梅花與櫻花圖案可愛雜貨琳瑯滿目

梅花鈴噹吊飾各432日圓，清涼的音色很可愛

5 梅園

天滿宮進貢天皇的老甜點店

昭和21年（1946）創業的和菓子專賣店。各種知名甜點種類眾多，例如內附招運鶯鳥民藝品的「鶯之餅」，以及曾進貢給日本天皇與皇后的「梅守」（迷你）115日圓等。

☎092-922-4058 住太宰府市宰府2-6-16 ⏰8時30分～18時 休無休 交西鐵太宰府站步行即到 P2輛 MAP附錄P12D2

富季節感的茶會用甜點。乾菓子1個85日圓～

新春～4月前後是木鶯，其他時期則是土鶯

麻糬外面裹了甜紫蘇粉的鶯之餅（小）1盒740日圓

やす武　ぎゃらり楓 4　太宰府参道 天山　　　　5 梅園　　西鐵太宰府站

6 風見鶏

其他的「梅花」伴手禮

手工蕎麥麵名店「やす武」的梅枝餅。使用的是保有原始風味的自製紅豆餡。☎092-922-5079 ⏰10～18（梅枝餅販賣時間8～19時）休不定休 MAP附錄P12D2

使用當地產梅酒做成的和風梅酒蛋糕770日圓。販賣店在「太宰府表参道 天山」。☎0120-10-3015 ⏰8時30分～17時30分 休不定休 MAP附錄P12D2

6 風見鶏

將140年歷史建築改建而成的喫茶店

店內裝飾著德國古董音樂鐘及燈飾，充滿一股沉穩懷舊的氣息。自家烘培咖啡620日圓搭配自製咖啡凍，享受溫馨的片刻。

☎092-928-8685 住太宰府市宰府3 1 23 ⏰10－17時 休不定休 交西鐵太宰府站步行即到 P無 MAP附錄P12D2

▲咖啡凍（附冰淇淋）730日圓 ▲蛋三明治730日圓

📖 光明禪寺（MAP附錄P12E2）有著九州最古老的枯山水庭園。門票200日圓，8～17時，無休。

從福岡
搭電車47分

前往與白秋有淵源的水鄉柳川
來一趟悠哉的遊船樂

搭乘航行於江戶時代挖掘水路的風雅遊船，
從船上眺望保有柳川藩十二萬石風情的城下町。

柳川
是這樣的地方

位在筑後川河口的城下町。在柳川城
以挖掘方式建造成網狀式水鄉之町，
至今仍保有許多藩政時代的遺跡，也
以詩人北原白秋之故鄉而聞名。名產
蒸籠鰻魚飯是不能錯過的美食。

交通方式

🚃 電車：西鐵福岡（天神）站搭乘西鐵大
牟田線特急，到西鐵柳川站48分。巴
士：西鐵柳川搭乘西鐵巴士往早津江方
向，到京町4分、到本城町及御花前約10
分、到水天宮入口11分

🚗 開車：天神北IC進入九州自動車道，到
みやま柳川IC 61km，再轉縣道775號、
國道443號到柳川站約10km

洽詢 柳川市觀光服務處 ☎0944-74-0891
擴大圖 附錄P12D3～F4

水路沿岸自然景觀豐富，從船上可欣賞四季變化

推薦路線

所需時間約 **3** 小時

西鐵柳川站

▼ 步行5～10分

遊船上船處

▼ 搭船70分

遊船下船處

▼ 步行2分

北原白秋故居・紀念館

▼ 步行4分

柳川藩主立花宅邸 御花

▼ 步行2分+巴士10分

西鐵柳川站

おほりめぐり
遊船

欣賞四季變化之美

船伕以一根竹竿划船，全長4km約70
分鐘。行進間可欣賞紅磚並倉建築，
沉浸在一片水鄉氣息中。燈籠映照在
河面的夏季夜晚遊船及冬天的暖桌遊
船（皆需預約）都非常受歡迎。

洽詢 ☎0944-74-0891（柳川市觀光服
務處）**¥**1500～1600日圓 **🕘**9時30分
～日落為止 **休**無休（遇天候不佳則停止）
交西鐵柳川站步行10分左右有5個上船
處 **P**各乘船處設有停車場 **MAP**P121

遊船觀光公司 **MAP** P121C1

Ⓐ …柳川觀光開發 ☎0944-72-6177
Ⓑ …大東エンタープライズ ☎0944-72-7900
Ⓒ …水鄉柳川觀光 ☎0944-73-4343
Ⓓ …城門觀光 ☎0944-72-8647
Ⓔ …柳川リバー觀光 ☎0944-75-5050

1 遊船路線內最狹窄的區段彌兵衛門橋 **2** 海
鼠壁構造也格外美麗 **3** 水上商店共有2間 **4**
屬明治後期建築的紅磚倉庫——並倉

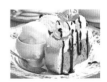

遊船路線

大門橋　出の橋　往佐賀　西鐵久留米站
三柱神社　D　P　西鐵天神大牟田線　往三山
筑紫橋　筑町　銀治屋町　辻町　京町　B　A　C　往三山
みなかわ　元祖本吉屋 P.122　柳川橋　松月文人館 P.121西鐵柳川站
GoodDay　伝習館高　柳川古文書館　柳川購物中心　西鐵柳川站
等應寺(涅槃像)　長谷健文學碑　木村綠平句碑　日吉神社址　水上商店　鰻魚供養碑　E　城堀水門
有明橋　紅茶の店 River Flow P.121　水天宮入口　舊戶島家住宅　檀一雄文學碑　御花　市公所　海鼠壁　白秋石橋庭水中歌碑　水上商店
夜明茶屋 P.123　沖端水天宮　水影之碑　柳川慕情せんべい本店 P.121　本城町　柳川城址　柳川高　並倉　柳川市
北原白秋故居・紀念館 P.121　柳川料理 つむら P.123　城東橋
白秋詩碑苑　各公司共同碼頭 P.120　からたち文人の足湯 P.123　福厳寺　御堀橋　杉森高　DiREX
皿屋福柳 P.123　若松屋 P.123　民芸茶屋 六騎 P.122　かんぽの宿柳川　柳川溫泉　宮永橋　往大牟田站
A　かんぽの宿柳川 P.122　B　C　柳川署
200m
※ A〜E 為遊船上船處

きたはらはくしゅうせいか・きねんかん

北原白秋故居・紀念館

近代日本的代表性詩人老家

不只童謠『待ちぼうけ』『ペチカ』『雨ふり』等，北原白秋還留下許多詩作與短歌，這兒是他的老家，經過修復後展示著一些相關文物。後方紀念館介紹的是白秋詩集與其生涯、遺留物，還有柳川的歷史和民俗資料等。白秋老家本身就是明治時期柳川商家代表性的貴重建築物。

☎0944-72-6773 住柳川市沖端町55-1 ¥400日圓 ⏰9～17時 休無休 交沖端水天宮前巴士站步行4分 Ｐ可利用市營收費停車場 MAP P121A2

老家的玄關間還保有過往從事釀酒業的風貌

やながわはんしゅたちばなてい おはな

柳川藩主立花宅邸 御花

可欣賞氣派的大名文化

能感受柳川藩立花家歷史的7000坪名勝古蹟。明治時代的伯爵宅邸與庭園「松濤園」還維持著當時模樣，伯爵家族曾住過的房子則已改為料亭。隨四季變化的景色是最具魅力之處。附設的史料館展示著各種海外傳來的大名器具。古蹟內有飯店、餐廳、特產店，可玩上一整天。

☎0944-73-2189 住柳川市新外町1 ¥門票500日圓 ⏰9～18時 休無休 交御花前巴士站步行2分 Ｐ可利用柳川收費停車中心 MAP P121A2

常綠松樹與池塘形成美麗對比的松濤園

在這裡休息一下

こうちゃのみせ りばーふろー

紅茶の店 River Flow

從2樓座位可悠閒地眺望往來遊船。約60種紅茶530日圓～，可搭配3種甜點600日圓（附圖）享用。

☎0944-74-0211 住柳川市稻荷町13-4 ⏰10時～18時30分LO 休週三(逢假日則營業) 交水天宮入口巴士站步行4分 Ｐ5輛 MAP P121A2

やながわぼじょうせんべいほんてん

柳川慕情せんべい本店

使用大量雞蛋做成酥脆口感的雞蛋糕仙貝是招牌商品，12片500日圓。

☎0944-72-1060 住柳川市稻荷町4 ⏰8時30分～18時 休無休 交御花前巴士站步行2分 Ｐ5輛 MAP P121A2

「松月人文館」（MAP P121C1）展示著北原白秋等與柳川有關的文人簽名等。☎0944-72-4141，免費入場，9～17時，無休。

柳川的名產是鰻魚

蒸籠鰻魚飯加上柳川鍋
好好享受有明海的海鮮美味吧！

鰻魚經過切開〜素燒〜蒲燒，再與飯一起蒸煮乃是柳川吃法。
大彈塗魚不能以貌取人，吃起來可是清爽的美味料理。

元祖本吉屋
がんそもとよしや

在發源店
享用道地美味

發明蒸籠鰻魚飯的是這家店的第一代老闆本吉七郎兵衛。祖傳醬汁傳承了330年以上，再加上用炭火烤過，鰻魚的香氣就是不一樣！蒸籠蒸過的鰻魚讓香氣及美味也傳到淋了醬汁的白飯上，更能吃出肥厚鰻魚的美味。定食附贈的白燒酸漬菜也是很多人喜愛的一道料理。

☎0944-72-6155 住柳川市旭町69 ⏰10時30分〜20時30分LO 休第2、4週一（逢假日則翌日休）交京町巴士站步行2分 P40輛 MAP P121C1

創業於天和元年（1681），是柳川歷史最悠久的老店

讓人欲罷不能的美味！

白燒山葵2000日圓。可隨喜好酌加山葵、柚子胡椒等

附了醋鰻、鰻肝湯的蒸籠鰻魚飯定食4100日圓

將泥鰍燉煮到口感鬆軟的柳川鍋1030日圓

仿柳川獨有的海鼠壁白牆外觀

甜甜鹹鹹不膩口！

蒸籠鰻魚飯1850日圓〜的甜味醬汁讓人停不了筷子

民芸茶屋 六騎
みんげいちゃや ろっきゅ

傳承了文人們
喜愛的美味

柳川鍋是將北原白秋詩作『思ひ出』中吟唱的舊懷月樓（料亭松月）美味傳承至今的簡樸美食，乃將小尾泥鰍和牛蒡煮成鹹甜口味後打入蛋汁的一道料理，可吃出泥鰍的鬆軟肉質。蒸籠鰻魚飯也是堅持使用古老做法用木炭燒烤而成，保有從前的傳統好味道。

☎0944-72-0069 住柳川市沖端町28 ⏰10時30分〜17時LO 休週二（逢假日則改日補休）交御花前巴士站步行5分 P無 MAP P121A2

さらやふくりゅう
皿屋福柳
也可外帶的新名產

擺在店門口販賣的熱騰騰獨家鰻魚飯糰（うなむす）2個500日圓，可外帶邊走邊吃很有人氣。鰻魚飯糰午膳只在平日14時30分前提供，且限定數量，內含鰻魚飯糰及生切薄片、沙拉、湯品、自助式咖啡。另有蒸籠鰻魚飯2250日圓（附湯）和大彈塗魚蒲燒500日圓等。

☎0944-72-2404 🏠柳川市沖端町29-1 🕐11時30分～16時（16時後採預約制）🈺週四（逢假日則營業，補休日期不定）🚏御花前巴士站步行5分 🅿17輛 🗺 P121A2

外觀充滿日式風情，不過店裡裝飾頭著著西式彩繪玻璃

酸酸甜甜很下飯

醋酸小黃瓜拌鰻魚（うざく）800日圓

鰻魚飯糰午膳1300日圓

わかまつや
若松屋
相撲選手琴獎菊大關也愛吃的老店

安政年間（1854～60）創業的鰻魚料理專賣店。使用柳川醬油和麥芽糖製成的祖傳醬汁，是創業當時傳承至今，搭配精選的日本產鰻魚更能吃出鮮甜美味。自古以來便受到北原白秋與檀一雄的青睞，最近連柳川出身的大關琴獎菊都是座上賓，在當地也廣受挑剔的饕客好評。

☎0944-72-3163 🏠柳川市沖端町26 🕐11時～19時30分LO（7·8月～20時LO、12·1月～19時LO）🈺週三 🚏御花前巴士站步行5分 🅿13輛 🗺P121A2

新館有桌子位，裡面也有可欣賞庭園的和式座位

雞蛋香氣讓美味加分

夾入滿滿碎鰻的鰻魚蛋捲900日圓

上鰻蒸籠鰻魚飯（附鰻肝湯）2625日圓

💬這裡也不容錯過

山珍海味！品嘗有明海的海鮮

よあけぢゃや
夜明茶屋

鮮魚店附設食堂。在食堂可吃到柳川特有調味的有明海產料理。另有販賣伴手禮大彈塗魚拉麵1包270日圓。

☎0944-73-5680 🏠柳川市稻荷町94-1 🕐9～22時（食堂11時30分～14時30分LO、17時～21時30分LO）🈺週二（逢假日則營業）🚏水天宮入口巴士站步行3分 🅿15輛 🗺P121A2

▲有明海鮮定食1620日圓◀也能品嘗到稀有的大彈塗魚或海豆芽

やながわりょうりつむら
柳川料理つむら

有明海鮮的單點菜色很多。也有老闆的獨創菜色，如用有明海苔將生魚片捲起來吃的生魚片套餐1620日圓（拼盤、飯、麵糰湯、小菜）。爽朗老闆夫妻推薦的是海葵。

☎0944-74-0655 🏠柳川市本城町51-1 筑紫大樓 🕐11～20時LO 🈺不定休 🚏本城町巴士站步行即到 🅿6輛 🗺P121A2

大鱗鞋底魚刺身（上）、生魚片拼盤（中）、有明海珍味八寸（下）

大正浪漫氣息洋溢的門司港
在懷舊風情中漫步

來到從前以國際貿易港而繁榮起來的門司港
與美麗的復古建築相遇。

➕ 從福岡
搭電車1小時30分

もじこう
門司港
MOJIKO

➕ 門司港
是這樣的地方

明治22年（1889）被指定為特別
出口港而發展起來。明治、大正時
代洋房歷經修復、移設，整頓過後
的門司港懷舊區最適合悠閒漫步。
午餐可享用烤咖哩飯。

交通方式

🚃 電車：博多站搭乘JR鹿兒島本線快速，
到門司港站1小時30分（有些班次中途需
換車）

🚗 開車：天神北IC進入福岡都市高速，九州
自動車道，到門司IC 80km，再轉縣道
72、25號、國道198號到門司港站3.4km

📷放大圖 門司港站觀光服務處 ☎093-321-6110
附錄P13A3～C4

推薦路線

所需時間約 **3小時**

> JR門司港站
> ▼ 步行3分
> 九州鐵道紀念館
> ▼ 步行3分
> 舊門司三井俱樂部
> ▼ 步行1分
> 舊大阪商船
> ▼ 步行5分
> 舊門司稅關
> ▼ 步行10分
> 關門海峽博物館
> ▼ 步行5分
> JR門司港站

日本第一個被列入國家重要文化財的鐵路車站

じぇーあーるもじこうえき
JR門司港站

懷舊地區的代表性建築物

屬新文藝復興建築式樣，左右對稱的優美姿
態令人印象深刻。2層樓木造車站建造於大正
3年（1914），至今還保存了當時的模樣。

☎093-321-6110 🏠北九州市門司区西海岸1-5-31
🅿27輛（30分100日圓，前20分免費）**MAP** P127A2
※JR門司港站正進行修復工事，至2018年3月完工（預定）

站員制服也維持當年的原貌

步行3分

重現昭和30年代的車站事務所

きゅうしゅうてつどうきねんかん
九州鐵道紀念館

紅磚建築的鐵道主題館

前身是明治24年（1891）建造的舊九州鐵道本
社。展示明治～昭和時期的著名列車與珍貴鐵道遺
產。模擬駕駛（1次100日圓）很受歡迎。

☎093-322-1006 🏠北九州市門司区清滝2-3-29 💴300
日圓 🕘9～17時（入館～16時30分）🈳第2週三（8月無
休）、7月第2週三、四 🚃JR門司港站步行3分 🅿可利用
市營停車場50輛（1小時200日圓）**MAP** P127B2

步行3分

1樓餐廳內部

きゅうもじみついくらぶ
舊門司三井俱樂部

保存了大正摩登氣氛的建築物

大正10年（1921）建造做為三井物產門司港
分店的社交俱樂部。2樓有愛因斯坦博士訪日
時下榻的房間，以及門司出身作家林芙美子
的資料室。1樓是餐廳。

☎093-321-4151(門司港懷舊
區綜合服務處) 🏠北九州市門司
区港町7-1 💴僅2樓收費100
圓 ⏰9～17時 🈺無休 🚉JR門
司港站步行1分 🅿可利用門司港
懷舊區停車場 MAPP127B2

國家重要文化財的
木骨架建築式樣

透過蕾絲窗簾可看到舊大阪商船

步行1分

1樓是免費休息處，散步途中可歇歇腳

館內照明也充滿懷舊氣氛

きゅうおおさかしょうせん
舊大阪商船

被譽為"港之美貌"的典雅建築物

建造於大正6年（1917），是日本非常少見
的維也納分離派式樣建築物。設有插畫家
「渡瀨政造與海的畫廊」。

☎093-321-4151(門司港懷舊區綜合服務處) 🏠北
九州市門司区港町7-18 💴僅2樓畫廊入場收費100
日圓 ⏰9～17時 🈺無休 🚉JR門司港站步行2分 🅿
可利用門司港懷舊區停車場 MAPP127B1

步行5分

きゅうもじぜいかん
舊門司稅關

與港口相襯的紅磚外觀

建造於明治45年（1912），紅磚瓦
屋頂2層樓構造的建築物，至昭和初
期是稅關廳舍。

☎093-321-4151(門司港
懷舊區綜合服務處) 🏠北
九州市門司区東港町1-24
💴免費 ⏰9～17時 🈺無
休 🚉JR門司港站步行5分
🅿可利用門司港懷舊區停
車場 MAPP127B1

步行10分

館內可見到從建築當時
保存至今的紅磚瓦

大阪商船門司分店曾經是外國航線的候船所

重現大正時代門司港街
道的海峽懷舊大道

かんもんかいきょうみゅーじあむ
關門海峽博物館

以海峽為主題的博物館

在「海峽中聽」與「海峽歷史迴廊」兩處以
夢境般的影像來介紹海峽的歷史與文化。其
他如「海峽懷舊大道」等也很有看頭。

館內也有餐飲店

☎093-331-6700 🏠北九州市門司区西海岸1-3-3
💴500日圓(海峽懷舊大道等處免費) ⏰9～17時(視
店鋪有所不同) 🈺不定休(1年5次) 🚉JR門司港站步
行5分 🅿200輛(1小時200日圓) MAPP127A2

📷 這裡也不容錯過

懷舊街道透過
夜晚點燈更顯璀璨

隨著太陽西下，門司港懷舊地區的
建築物開始打上燈光，整個變得浪
漫起來。每年12～2月左右，周邊
的樹木也都會裝上燈飾，讓街景更
加閃耀動人！

稍微走遠一些 ● 門司港懷舊風情漫步

來去逛逛位在懷舊大樓與建築物內的雜貨屋

與懷舊氣氛融合在一起的古董與歐洲雜貨。
從門司港站出發都只需步行10分，交通非常方便是一大魅力。

あるぶる

Arbre

吸引人的古董及綠色空間

有許多以日本、英國、法國為主的100年以上古董商品。除了玻璃製品及裝飾品，店內裝飾用的觀葉植物及花盆也都是商品。

☎093-331-0087 📍北九州市門司区西海岸1-4-13九港ビル1F 🕐12～18時 休週日～三 🚆JR門司港站步行3分 🅿無 MAP P127A2

❶老闆親手做的花圈3000日圓 ❷50～100年前的鑰匙。可當項鍊裝飾。1個300日圓 ❸用天然石與玻璃製成的英國古董胸針12000日圓（左）、8000日圓（右） ❹大正時代的日本製水白粉瓶（左）、大正12年（1923）的英國製化妝水瓶（右）各5000日圓

 いんざむーど

IN THE MOOD

感受英國今昔的空間

收集許多英國的雜貨和古董。同時也是SOMETHING 4（☞P127）老闆的松永浩一，每年都會多次前往英國採購。

☎093-332-6130 📍北九州市門司区港町5-1海峽廣場 1F 🕐10～20時 休無休 🚆JR門司港站步行2分 🅿海峽廣場停車場200輛 MAP P127B2

❶位在海峽廣場 1F，店前就是大海 ❷在歐洲，據說女性只要蒐集指套就能得到幸福，1個525日圓 ❸1920～50年代流行於歐美的古董時尚珠寶2300日圓 ❹與日本不同口味的英國國內限定包裝唐寧茶1包1260日圓

さむしんぐふぉー
SOMETHING4
高貴不貴的復古精品

從海外直接採購而來的復古家具和各種精品琳瑯滿目，特別值得著墨的是其品質與售價。經過細心修繕的迷你水晶吊燈1萬2000日圓！

☎093-321-0611 住北九州市門司区港町3-26 ⊙11～17時 休週一～三 交JR門司港站步行6分 P可利用門司港懷舊區停車場150輛(1小時200日圓) MAP P127B1

❶令人想參考的居家擺設。兩張椅子38000日圓、餐桌88000日圓、水晶吊燈25000日圓 ❷保存狀態好到令人感動。古董明信片1張630日圓～ ❸可放耳環等小東西的貓咪圖案小盒子3150日圓 ❹完全看不出來是超過100年前的古董蕾絲630日圓

❶巧克力蛋糕套餐950日圓。用坎佩爾陶器盛裝飲料❷簡單的圖案營造出溫馨質感，復古火柴盒1個400日圓 ❸收藏家的最愛！復古紙袋1個315日圓～ ❹也有義大利Caffarel的巧克力

かふぇうみねこ
cafe UMINÉKO
門司港站旁的法式咖啡廳

販賣一些從法國跳蚤市場帶回來的古董雜貨，以及在日本很少見的法國坎佩爾陶器3900日圓～。附設可品嘗蕎麥可麗餅的咖啡廳。

☎093-321-2101 住北九州市門司区西海岸1-6-2 ⊙10～20時(19時30分LO) 休週二(逢假日則營業) 交JR門司港站步行即到 P無 MAP P127B2

介紹商品多為僅此一件，有售完的可能。

門司港是叫賣香蕉的發源地

明治後期，會將運送途中熟透的香蕉送到中繼門司港廉價販售山會，因此這兒有發源地之說。現在可於一些活動舉辦時期看到保存會的人員進行實際叫賣表演。 MAP P127B2

稍微走遠一些 ● 來去逛門司港雜貨屋

欣賞優美景觀的同時
品嘗門司港懷舊區的美食

可品嘗有如高級西餐的烤咖哩飯以及香蕉甜點，
或坐在可眺望關門海峽的海邊頭等座，享用午餐和咖啡。

名產 烤咖哩

てづくりけーきとかれーのみせ どるちぇ
手作りケーキとカレーの店 ドルチェ

兩種都想吃的話來這裡就對了

烤咖哩850日圓是花上3天製作，風味
香辣且圓融的美食，在當地頗受好評。
香蕉蛋糕330日圓等手工蛋糕可單點，
也可做為咖啡廳小歇用。

☎093-331-1373 ⬤北九州市門司区港町
6-12 ⬤9～18時 ⬤週二（逢假日則營業）
⬤JR門司港站步行2分 Ⓟ無 MAP P127B2

❶烤咖哩&蛋糕套餐
1500日圓（附飲料）
❷自製司康1個150日
圓

❶炸香蕉。吃完還口
齒留香 ❷位在「叫賣
香蕉發源地」的立碑
（→P127）旁邊

名產 香蕉甜點

こーひーるーむ とらや
コーヒールーム とらや

店內採溫馨的茶色風格

昭和25年（1950）開幕的純喫茶店。名
產炸香蕉630日圓重現了上一代老闆在昭
和初期嘗過的好味道，可吃出香蕉的美
味。日式牛肉燴飯680日圓也很有人氣。

☎093-321-0370 ⬤北九州市門司区港町1-6
⬤10～19時（週六日、假日11時～）
⬤不定休 ⬤JR門司港站步行2分 Ⓟ無
MAP P127B2

名產 絕佳地點

ぶりりあんさもじこう
ブリリアンサ門司港

可望見關門海峽的自助式餐廳

1F的餐廳「Graciouzoto」可遠眺門司
海峽大橋及對岸的下關，地理位置絕佳
而深受歡迎。中西日式自助餐很豐盛，
蛋糕等甜點種類也很多。

☎093-322-5550 ⬤北九州市門司区西海岸1-3-1
ブリリアンサ門司港（1F）⬤11～14時LO、17～20
時LO（週六日、假日～15時LO、～20時LO）⬤不定
休 ⬤JR門司港站步行5分 Ⓟ18輛 MAP P127A2

❶約有70種料理，無
酒精飲料喝到飽
❷靠近關門大橋的露
天座位很受到歡迎

有許多歷史景點！
前往平家的淵源地──下關

下關有許多與源平相關的景點，如相戰之地壇之浦。
唐戶市場也開放給一般遊客進入，可在此品嘗關門的新鮮海產。

みもすそがわこうえん
御裳川公園

壇之浦古戰場就位在眼前

壽永四年（1185）源平最終一戰的壇之浦合戰遺跡所在地。公園裡有源義經英勇連跳八船以及手持船錨的勇猛平知盛兩座雕像。

☎083-231-1838（下關市觀光設施課）⑮下關市みもすそ川町1 ⑫自由參觀 ⊗御裳川巴士站步行即到 Ⓟ無 MAP附錄P13C1

可看到關門大橋。日落～22時會點燈

交通方式

🚢船：門司港棧橋搭乘關門連絡船到唐戶棧橋（下關）5分，再從唐戶棧橋步行2分到唐戶巴士站 MAP附錄P13B2

🚌巴士：唐戶搭乘山電交通巴士往長府、小月方向，2分到赤間神宮前、5分到御裳川。從唐戶到下關站7分

洽詢下關市觀光政策課
☎083-231-1350

あかまじんぐう
赤間神宮

祭祀安德天皇與平家武將

祭祀在壇之浦合戰中落敗、年僅8歲便投海而亡的安德天皇。神宮內有平家一族之墓七盛塚與安置著「無耳芳一像」的芳一堂，以及公開展示國家重要文化財的「長門本平家物語」的寶物殿。

☎083-231-4138 ⑮下關市阿彌陀寺町4-1 ⑫自由參觀（寶物殿 ￥100日圓 ⑬隨季節變動。需洽詢）⊗赤間神宮前巴士站步行即到 Ⓟ60輛 MAP附錄P13B1

●位在115層石階上方 ●描繪義經像的勝利御守各700日圓

おおとしじんじゃ
大歲神社

與戰勝的源氏有淵源的神社

在源義經祈求打敗平家一族之地所建造的神社。傳說源義經以弓射前下戰帖，受到驚嚇的平家因而被引誘至壇之浦。高杉晉作的奇兵隊也是在此成軍，設有誓言攘夷的大鳥居等。

☎083-223-0104 ⑮下關市竹崎町1-13-10 ⑫自由參觀 ⊗下關站巴士站步行6分 Ⓟ無 MAP附錄P13A2

からといちば
唐戶市場

在熱鬧的市場逛街吃美食

這兒雖然是批發市場，但一般人也可來購物。吸引不少專業廚師前來的2樓食堂，可吃到許多便宜新鮮的海產。週五～日、假日還有「活跳跳馬關街」可大啖美食。

☎083-231-0001 ⑮下關市唐戶町5-50 🕐市場5～15時（週日、假日8時～）、活跳跳馬關街5六10～15時、週日、假日8～15時（視店舖而異）⑬不定休 ⊗唐戶棧橋步行2分 Ⓟ572輛（30分120日圓）MAP附錄P13B1

●2F「海轉からと市場壽司」的虎河豚1盤420日圓 ●可和店家開心交流的「活跳跳馬關街」

●神社樓門採唐造建築，放眼全日本也屬珍貴的樣式 ●名產河豚造形的河豚幸福鈴500日圓

稍微走遠一些 ● 品嘗門司港懷舊區的美食／平家的淵源地──下關

從福岡
搭電車80分

隨時有新鮮事的城下町暨陶藝名城——唐津

參觀也有舞鶴城之稱的唐津城，欣賞古早風情的建築。
午餐可品嘗在呼子港捕獲的著名烏賊料理

唐津 是這樣的地方

唐津是昔日唐津藩的城下町，自古以來與大陸貿易而興盛，地名也由渡唐津港演變而來。從優美古城眺望出去，是黑松林綿延5公里的虹之松原。在孕育出唐津燒的風情萬種街道遊逛，享用玄界灘的新鮮海產。

交通方式

電車：博多站搭乘福岡市地下鐵機場線往西唐津方向（直通JR筑肥線），到唐津站約1小時25分

開車：天神北IC進入福岡都市高速・西九州自動車道，到唐津IC約50分

洽詢 唐津觀光協會 ☎0955-74-3355

由豐臣秀吉家臣、第1代唐津藩主寺澤廣高在慶長7年（1602）耗時7年所建造而成

推薦路線

所需時間4小時

JR唐津站
▼ 步行11分
曳山展示館
▼ 步行8分
高取故宅
▼ 步行2分
唐津茶屋
▼ 步行5分
唐津城
▼ 步行11分
舊唐津銀行本店
▼ 步行7分
JR唐津站

ひきやまてんじじょう
曳山展示場

“唐津宮日節”的壯觀曳山展示

保存並展示唐津宮日節中華麗登場的14座曳山。這些塗上金銀色漆的曳山是用一種稱為一閑張的漆器技法所製成，曾在文政2年（1819）至明治9年（1876）登場繞境過。現在是佐賀縣的重要有形民俗文化財。

☎0955-73-4361 住唐津市西城内6-33 ¥門票300日圓 ⏲9～17時 休11月3·4日、12月第1週二三 交JR唐津站步行10分 P39輛 MAP P131B1

左起7號飛龍、8號金獅子、9號武田信玄的頭盔

什麼是唐津宮日節？

每年11月2～4日在唐津神社所舉辦的秋季例行大祭典。重達2～3t的14輛巨大曳山繞行市街的景象很壯觀。壓軸是3日的御旅所神幸。「日本三大宮日節」之一。

きゅうたかとりてい
高取故宅

復古且豪華燦爛的煤礦王宅邸

肥前的煤礦王——高取伊好的宅邸。占地約2300坪，有大廳棟及起居棟。大廳裡的能劇舞台以及72扇的杉木拉門畫、欄間浮雕匠藝等都很有看頭。

☎0955-75-0289 🏠唐津市北城內5-40 💰門票510日圓 🕘9時30分～17時 🈳週一(逢假日則翌日休) 🚌JR唐津站步行18分 🅿88輛(入館參觀者1小時免費) MAP P131B1

1 據說是日本國內僅存的個人宅邸內能劇舞台 2 被指定為國家重要文化財

からつじょう
唐津城

身為唐津象徵的優美古城

這裡是把當年秀吉出兵朝鮮時做為據點的名護屋城拆除，將建材挪來建造而成的名城。如果把東西兩側的海濱看成是翅膀，整座城就有如鶴飛般，因此又有舞鶴城之稱。天守閣1～3樓展示著歷史資料和唐津燒。

☎0955-72-5697 🏠唐津市東城內8-1 💰天守閣門票410日圓 🕘9～17時 🈳無休 🚌JR唐津站步行20分 🅿170輛(1小時以內100日圓) MAP P131B1

可來這兒住宿

ようようかく
洋々閣

明治26年(1893)創業的知名旅館。保有明治、大正時期風格的純日式構造，附設唐津燒「隆太窯」(P133)藝廊。這兒的超美味涮涮鍋(1人6831日圓，2人以上起鍋，需預約)據說是九州第一家。

☎0955-72-7181 🏠唐津市東唐津2-4-40 💰1晚附2餐18360日圓～IN15時 OUT10時 🚌JR唐津站車程6分 🅿30輛 MAP P131B1

きゅうからつぎんこうほんてん
舊唐津銀行本店

出自辰野金吾之手的紅磚建築

由打造出東京車站與日本銀行本店等建築的唐津出身建築師——辰野金吾所設計監工的建築物。館內有3面相連的大拱型窗、大理石暖爐等，忠實還原了明治45年(1912)竣工當時的面貌，可一窺煤炭工業鼎盛時期的繁華景象。

☎0955-70-1717 🏠唐津市本町1513-15 💰免費參觀 🕘9～18時 🈳無休 🚌JR唐津站步行7分 🅿19輛 MAP P131B1

1 紅磚搭配白石的辰野式風格 2 使用櫸木打造的舊業務室的木製櫃台

這裡也不容錯過

からつちゃや
唐津茶屋

可將唐津灣一覽無遺的旅館「渚館きむら」附設餐廳。各種烏賊料理，如使用呼子烏賊做成的生吃活烏賊全餐2625日圓受到好評。前來用餐的客人可享太閤湯(藥湯)免費泡湯服務。

☎0955-72-4617 🏠唐津市東城內4-3 🕘11時30分～15時、17時30分～22時(週六、假日無午休) 🈳無休 🚌JR唐津站步行20分 🅿45輛 MAP P131B1

稍微走遠一些●隨時有新鮮事的唐津

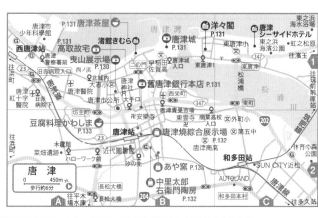

唐津
0 450m
步行約6分

📖 只要提到唐津的可樂餅，就非「鮮魚可樂餅(魚ロッケ)」莫屬了，是用麵包粉裹上魚肉和蔬菜後油炸而成。

找尋心目中的理想陶器
唐津燒的燒窯場與藝廊

並列為茶人所愛的「一樂、二荻、三唐津」，馳名全球的唐津燒。
到名窯找尋實用之美，勢必會遇見讓你動心的陶器

1以貢獻品為傲的椎之峯窯的三寸皿 2擺滿窯場的代表作，也有販賣許多日常食器

\什麼是唐津燒？/

由約400年前渡海而來的朝鮮陶工所發展起來，曾經是以「腳踢轆轤」及「登窯」為始的最先進燒窯地區。現在則以曾身為舊唐津藩御用窯的中里家為主，一共約有65家燒窯場。

からつやきそうごうてんじじょう
唐津燒綜合展示場

初學者的必訪之處
學習挑選陶器的技巧

展示並販賣17家加入唐津燒協同組合的窯場作品。每個窯場都有其拿手的技法與特色，最適合來此尋找適合自己風格的陶藝作品。這兒還會教大家如何挑選窯場以及介紹景點，另有著色體驗1620日圓～（需預約，運費另計）。

☎0955-73-4888 住唐津市新興町2881-1ふるさと会館アルピノ 2F ◎9～18時 休無休 交JR唐津站步行1分 P130輛 MAP P131B2

なかざとたろうえもんとうぼう
中里太郎右衛門陶房

在名窯的陶房欣賞傳統技術

曾擔任舊唐津藩的御用窯，約有400年歷史的傳統名門燒窯。第12代因重振了古唐津，因此被列為人間國寶。展示室陳列著第13代及現任第14代的作品，使用陶拍成形的傳統技法做成的花瓶和茶壺作品充滿厚實感。

☎0955-72-8171 住唐津市町田3-6-29 ◎9時～17時30分 休無休(有不定休) 交JR唐津站步行7分 P8輛 MAP P131B2

1斑唐津碗皿16200日圓 2繪唐津茶碗「笹」10800日圓 3繪唐津皿「OMODAKA」6寸7560日圓。也買得到第14代的作品

4御用窯當時使用的登窯（國家指定史跡）5醉心於藝術欣賞的藝廊 6穿越陳列館的大門後，迎面而來的是第11代中里天祐的作品「達摩」

1 運氣好的話，還可以遇到正在製作陶器的中里太龜先生 2 在大自然環繞的藝廊中挑選 3 三島馬上杯10800圓

在國際間也廣受矚目
中里隆、太龜的作品

傳統中融入自由創意，在豐富大自然的陶房裡孕育出來的頂級燒陶。使用繪唐津及粉引、三島等多種技法做成的日用食器，讓料理更顯美味，十分受到好評。不使用釉藥燒製而成的唐津南蠻也很吸引眾人目光。

☎0955-74-3503 ⊞唐津市見借4333-1 ⏱9～17時 休週三、11月3・4日 交JR唐津站車程15分 P5輛 MAP下方小地圖

\ **唐津燒的魅力** /

唐津燒具有「實用之美」，使用過後更顯出色。我會以女性的角度來思考，從日常生活中發想，製作一些例如料理時重量及大小皆適中、使用起來方便順手的食器。

あや窯 中里文子

這裡也不容錯過

1

3

2

4

あやがま
あや窯

女性陶藝家特有的
溫暖風格陶器

拜師於人間國寶井上萬二，51歲才成為陶藝家的中里文子燒窯場。附設的「ギャラリー淡如庵」有許多以季節花草為主題的日用食器，1F另有介紹唐津燒歷史的「古唐津ミニミニ資料館」。

☎0955-72-5709 ⊞唐津市町田5-7-7 ⏱10～17時 休無休 交JR唐津站步行7分 P4輛 MAP P131B2

1 令人想買來當擺飾的繡球花8寸盤16200圓 2 實用且百看不厭的設計是魅力所在 3 以あや窯為主題，繪有兩尾千鳥的茶杯3240日圓 4 葡萄酒杯3780日圓的鴨跖草花很可愛

とうふりょうり かわしま
豆腐料理 かわしま

由創業已超過200年的老店「川島豆腐店」所經營的日本料理店。油豆腐、豆腐渣、豆腐湯飯等，以隆太窯陶器盛裝的豆腐全餐很受觀光客喜愛。

☎0955-72-2423 ⊞唐津市京町1775 ⏱8時、10時、12時、14時（完全預約制） 休週日 交JR唐津站步行3分 P無 MAP P131B2

📖 燒窯場大多備有停車場，在唐津租車旅遊也很方便。

交通資訊

→ 交 通 資 訊

前往福岡的交通方式

如何抵達目的地？抵達目的地後在當地該如何移動？
視出發地和旅遊行程來規劃最合適的交通方式。

🚄 鐵道 -RAIL-

▶ 從東京・名古屋・大阪

東京站	新幹線のぞみ	
	約5小時05分　22950日圓　1小時2～4班	

名古屋站	新幹線のぞみ	
	約3小時25分　18540日圓　1小時2～4班	

新大阪站	新幹線のぞみ・みずほ	博多站
	約2小時30分　15310日圓　1小時2～4班	

※さくら・ひかり＝約2小時40分、15000日圓、1小時1～2班

▶ 從九州各地

熊本站	新幹線みずほ・さくら・つばめ	
	約40分　5130日圓　1小時2～5班	

※みずほ＝33分、つばめは約50分

鹿兒島中央站	新幹線みずほ・さくら	博多站
	約1小時30分　10450日圓　1小時1～3班	

※みずほ＝1小時17分

長崎站	特急かもめ	
	約1小時40分　4700日圓　1小時1～2班	

大分站	特急ソニック	
	約2小時15分　5560日圓　1小時2班	

規劃行程的提要　無論是從西日本，還是九州內地欲利用鐵道前往福岡，基本上都是搭乘新幹線。從新大阪除了有のぞみ，也可搭乘直通九州新幹線的みずほ、さくら等。從東京、名古屋也是搭乘往博多的のぞみ。至於如要從新幹線沒行經的九州其他都市前往，建議不需轉搭新幹線，直接搭乘直達博多站的JR特急前往即可。

✈ 飛機 -AIR-

桃園機場	華航、長榮、國泰、ANA	
	約3小時　1天4班	

高雄機場	長榮	
	約3小時40分　1週5班	

東京（羽田）	ANA・JAL・SKY・SFJ	
	約1小時55分　1天52～53班	

名古屋（中部）	ANA・IBX・SFJ・JJP	福岡機場
	1小時30分　1天11～12班	

※其他從名古屋（小牧）機場出發FDA/JAL1天5班、

大阪（伊丹）	ANA・JAL・IBX	
	1小時15分　1天13班	

※從關西機場出發ANA・APJ・JJP 1天5～7班

札幌（新千歲）	ANA・JAL・SKY	
	2小時35分　1天4班	

・JR車票的價格為車費與特急費用（一般時期，普通車對號座）合計而成。
・所需時間為預估值，依搭乘車種、車次而有所不同。除特別標記以外，並不含換車時間。

志賀島
西戶崎
海之中道
海洋世界　海之中道
能古島
能古
BAYSIDE PLACE
姪濱
海濱百道（MARIZON）
博多
唐津　姪濱　天神　中洲川端
西鐵福岡
天神南
橋本　六本松　藥院
七隈
佐賀　西鐵柳川
往長崎　往大牟田

＜機場交通＞

福岡機場 ――――――――――――――――――― 博多站
福岡市營地下鐵　5分　260日圓　全天班距5～10分
　※到天神站約11分　260日圓

福岡機場 ――――――――――――――――――― 小倉站前
西鐵高速巴士　約1小時25分　1230日圓　1小時1～2班

福岡機場 ―――― 西鐵久留米站 ―――― JR久留米站
西鐵高速巴士
約50分（到JR久留米站約1小時）　1230日圓　班距20～40分

規劃行程的提要　從福岡機場到博多站搭乘地下鐵只要2站，約5分鐘，距離鬧區非常近，是地理位置很方便的機場。國內線有第1～第3航廈，全部位在一棟可互通的大樓，根據航空公司及目的地、抵達處等來畫分；國際線則只有一個航廈。地下鐵站位在第2航廈的地下，從第1、第3航廈步行只需5分左右；國際線則需搭乘免費接駁巴士，至國內線第2航廈搭乘地下鐵。

134　※本書刊載的交通所需時間皆為預估值。

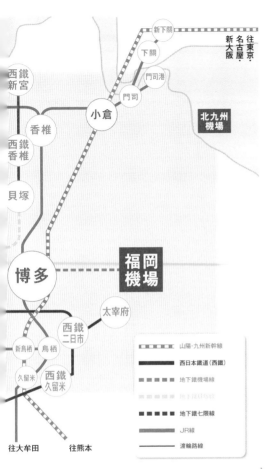

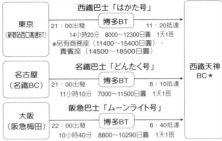

高速巴士 -BUS-

BT＝巴士總站、BC＝巴士中心

▶ 從東京・名古屋・大阪（夜車）

東京 (新宿站西口高速BT)	西鐵巴士「はかた号」 博多BT 21：00出發　　　　　11：20抵達 14小時20分　8000～12300日圓　1天1班 ※另有商務座（11400～15400日圓）、 貴賓座（14500～18500日圓）	西鐵天神 BC★
名古屋 (名鐵BC)	名鐵巴士「どんたく号」 博多BT 21：00出發　　　　　8：10抵達 11小時10分　7000～11500日圓　1天1班	
大阪 (阪急梅田)	阪急巴士「ムーンライト号」 博多BT 22：00出發　　　　　8：40抵達 10小時40分　8800～10290日圓　1天1班	

▶ 從廣島

廣島BC	中國JR巴士・廣交觀光等「広福ライナー」 4小時32分　4150日圓　1天9班	博多BT

▶ 從九州各地

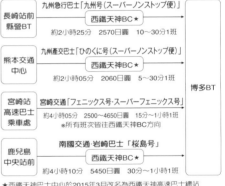

長崎站前 縣營BT	九州急行巴士「九州号(スーパーノンストップ便)」 西鐵天神BC★ 約2小時25分　2570日圓　10～30分1班	
熊本交通 中心	九州產交巴士「ひのくに号(スーパーノンストップ便)」 西鐵天神BC★ 約2小時05分　2060日圓　5～30分1班	博多BT
宮崎站 高速巴士 乘車處	宮崎交通「フェニックス号・スーパーフェニックス号」 約4小時05分　2500～4650日圓　15分～1小時1班 ※所有班次皆往西鐵天神BC方向	
鹿兒島 中央站前	南國交通・岩崎巴士「桜島号」 西鐵天神BC★ 約4小時10分　5450日圓　30分～1小時1班	

★西鐵天神巴士中心於2015年3月改名為西鐵天神高速巴士總站

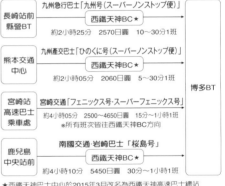

交通資訊 ● 前往福岡的交通方式

好 康 情 報

新幹線北九州・福岡優惠車票（JR）

新大阪（市內）出發　26940日圓
京都（市內）出發　27360日圓

可搭乘山陽新幹線的普通車對號座，從關西地區來回福岡市內
的車票。不可中途下車，有效期7天。京都出發為4／27～5／
6、8／11～20、12／28～1／6期間不能使用。

2張套票・4張套票（JR）

長崎⇔福岡（市內）　2張套票對號座用 6180日圓
　　　　　　　　　　4張套票對號座用 10280日圓
別府・大分⇔福岡（市內）2張套票對號座用 6180日圓
　　　　　　　　　　4張套票對號座用 10280日圓

可搭乘特急且較優惠的2張套票或4張套票的回數票，可分開
使用。2張套票有效期間1個月、4張套票為2個月。短距離及
九州新幹線只能搭乘自由座。

規劃行程
的提要

福岡的高速巴士總站共有2處，分別是位在博多
站旁的博多巴士總站，以及天神的西鐵天神巴
士中心（2015年3月改為西鐵天神高速巴士總
站）。前往本州的長距離巴士路線，大多從天神
BC出發再經由博多BT起訖，九州內的巴士路線則多在博多BT起訖，
再經由天神BC。不過也有部分巴士路線只停一處。

洽詢

鐵道		巴士	
JR九州(服務中心)	☎050-3786-1717	西鐵巴士(旅客中心)	☎0570-00-1010
JR西日本(旅客中心)	☎0570-00-2486	(高速巴士預約)	☎092-734-2727
福岡市營地下鐵	☎092-734-7800	名鐵巴士	☎052-582-0489
		阪急巴士(高速預約)	☎06-6866-3147
		中國JR巴士(高速預約)	☎0570-666-012
飛機		廣交觀光	☎082-238-3344
長榮航空	☎0800-098-666	JR九州巴士(高速預約)	☎092-643-8541
中華航空	☎(02) 412-9000	九州急行巴士(往福岡)	☎095-823-6155
ANA (全日空)	☎0570-029-222	九州產交巴士(高速預約)	☎096-354-4845
JAL (日本航空)	☎0570-025-071	宮崎交通(高速預約)	☎0985-32-1000
SKY (Skymark)	☎0570-051-330	南國交通(高速預約)	☎099-259-6781
SFJ (Star Flyer)	☎0570-07-3200	IWASAKI巴士・鹿兒島交通觀光社	
IBX (IBEX Airlines)	☎06-7637-6688	(鹿兒島本港高速巴士中心)	☎099-222-1220
APJ (Peach Aviation)	☎0570-200-489		
JJP (Jetstar JAPAN)	☎0570-550-538		

福岡市内的交通方式

市中心的交通可利用市營地下鐵與西鐵巴士，其中又以可通往機場與博多站、天神站的地下鐵機場線（1號線）最為方便，可前往閘區也可做為交通銜接點。

市區的移動以市營地下鐵最便利

福岡的市中心分成博多地區與天神地區兩大核心，彼此之間的移動以及與機場的連結，基本上是以福岡市營地下鐵為主。地下鐵路線除了主要的機場線外，另有箱崎線、七隈線共3條路線，一般天幾乎每5～8分就有一班。博多站～天神站之間搭乘機場線3站5分、200日圓。另外，地下鐵機場線的電車有一部分行駛到姪濱站後便轉為JR筑肥線，所以也有不需轉車即可前往唐津站的車班。

市内的路線巴士以西鐵巴士為主

西鐵巴士的行駛路線幾乎遍及了福岡市内與近郊。較大的巴士總站在博多站前與天神共2處。位在博多站旁的是博多巴士總站，1樓是前往市區各地的路線巴士，3樓則為前往九州各地與本州的高速巴士起訖處。一部分的路線巴士也有停靠博多站前的住吉通沿線兩側。位在西鐵福岡（天神）3樓的是天神巴士中心（2015年3月改名為西鐵天神高速巴士總站），這裡是高速、長距離巴士的專用站。市内路線巴士的各巴士站，從巴士中心的渡邊通道沿路一直廣布到天神地區。西鐵巴士的路線雖然較為複雜，但也有許多適合觀光搭乘的路線，如欲前往Yahuoku!巨蛋及福岡塔等港灣區方向，就可搭乘途中會經由都市高速的路線巴士，既快速又方便。

IC乘車卡

福岡地區的公共交通（JR、市營地下鐵、西鐵）皆可使用IC乘車卡。如持有Suica、PASMO、ICOCA、PiTaPa等主要IC乘車卡也能直接使用，非常方便。

1日乘車券（市營地下鐵）　620日圓
エコちかきっぷ票（市營地下鐵）　520日圓

可一整天自由搭乘福岡市營地下鐵全線，還可享沿線觀光景點門票折扣，以及特定餐飲店的折扣優惠等。地下鐵各站的自動售票機皆可購買。週六日、假日還有更便宜的「エコちかきっぷ」520日圓，可享優惠與「1日乘車券」皆相同。

方便又適合觀光的100日圓巴士

福岡都心100日圓循環巴士　天神LINER

沿著博多站前～大博通～吳服町～明治通～天神～渡邊通～國體通～博多運河城～住吉通～博多站前之間行駛的循環巴士，要逛福岡市中心很方便。「100日圓循環巴士」每天行駛，而只停主要站牌的「天神LINER」只在週六日、假日行駛。兩者皆分為順時針和逆時針路線，無論在哪站上車，到了博多站前都得下車。在天神地區的博多運河城，順時針與逆時針路線的候車站牌位置不一樣，站名也不同，要特別注意。博多站前的巴士站也是，逆時針路線的站牌在博多巴士總站1F③，順時針路線則在博多站前（A）。（→P43）

福岡都心100日圓巴士

連結博多站、吳服町、天神、藥院站前區域的是福岡都心100日圓巴士的行駛路線，只要在此路線内上下車，所有巴士都只要100日圓。

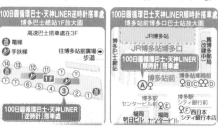

福岡都心1日自由乘車券（西鐵巴士）　620日圓
HOLIDAY PASS（西鐵巴士）　510日圓

可一整天自由搭乘東從箱崎、西到福岡塔的福岡都心自由區域內的西鐵路線巴士。另有雙人票1030日圓，2個大人一起觀光更優惠。可在路線巴士車內以及博多BT、西鐵天神BC等處購買。週六日、假日另販售「HOLIDAY PASS」，內容與「福岡都心1日自由乘車券」一樣，價格更便宜只要510日圓。

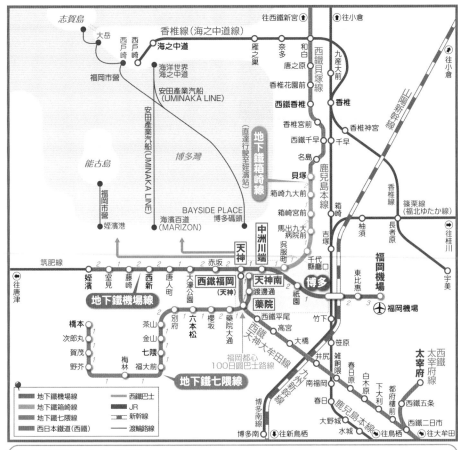

志賀島　大岳　西戶崎　西戶崎　香椎線（海之中道線）　往西鐵新宮　往小倉

海之中道　福岡市營　雁之巢　奈多　和白　九産大前　往小倉

海洋世界海之中道　唐之原　西鐵貝塚線

安田産業汽船（UMINAKA LINE）　香椎花園前

能古島　安田産業汽船（UMINAKA LINE）　博多灣　西鐵香椎　香椎

地下鐵箱崎線　香椎宮前　香椎神宮

（直達行駛至姪濱站）　西鐵千早　千早

名島

BAYSIDE PLACE　博多碼頭　鹿兒島本線

福岡市營　海濱百道（MARIZON）　姪濱港　貝塚　箱崎九大前　箱崎宮前

中洲川端　馬出九大病院前　吉塚　箱崎　柚須　長者原　往桂川

天神　千代縣廳口　呉服町

筑肥線　赤坂　西鐵福岡（天神）　天神南　博多　福岡機場　宇美

姪濱　室見　藤崎　西新　唐人町　大濠公園　渡邊通　東比惠　祇園

往唐津　地下鐵機場線　別府　櫻坂　藥院　西鐵平尾　竹下　福岡機場

橋本　茶山　六本松　藥院大通　高宮

次郎丸　金山　七隈　西鐵天神大牟田線　大橋　笹原　太宰府　太宰府線

賀茂　梅林　福大前　福岡都心100日圓巴士路線　井尻　雜餉隈　下大利　西鐵五条

野芥　地下鐵七隈線　南福岡　白木原　都府樓前　西鐵二日市

博多南線　春日　下大利　太宰府

博多南　往新鳥栖　大野城　水城　往鳥栖　往大牟田

地下鐵機場線
地下鐵箱崎線
地下鐵七隈線
西日本鐵道（西鐵）
西鐵巴士
JR
新幹線
渡輪路線

港都福岡的水上交通

福岡面對大海，因此水上交通也很發達。除了志賀島、海之中道、能古島都有航線外，流經市區的那珂川上也有觀光船行駛。只要將這些航線結合起來，觀光將不再侷限市區，必能更增加旅遊樂趣。

能古島渡船　福岡市港灣局客船事務所（姪濱旅客候船室）☎092-881-8709

姪濱（能古島渡船場）～能古島
＜福岡市營渡船每30～60分一班。單程10分，230日圓＞

UMINAKA LINE　安田産業汽船 ☎092-603-1565

海濱百道（MARIZON）～海之中道
＜安田産業汽船1天行駛4～10班。單程20分，1030日圓＞
博多埠頭～海之中道
＜安田産業汽船1天行駛4～10班。單程20分，1030日圓＞

志賀島航路　福岡市港灣局客船事務所（博多旅客候船室）☎092-291-1084

博多埠頭～西戶崎～志賀島
＜福岡市營高速船每30～90分一班。單程33分，670日圓＞

那珂川水上巴士「福博港都邂逅之船」

善加利用流經福岡市中心的那珂川之水上交通，可做為連結天神與港灣區的交通工具，更是水上觀光周遊船。乘船處在天神中央公園，也就是福岡市中心的中洲～西中洲之間，橫跨那珂川的福博邂逅之橋旁邊，因此取了這個名稱。水上巴士有以下2種航線。

●天神～能古島航路
＜週六日、假日1天3班　單程30分，1300日圓＞
●博多灣夜間遊覽船
＜週四、五、六夜間1天4班　一趟50分，2000日圓＞
洽詢　能古Marine觀光博多營業所
☎092-651-8555

前往福岡周邊的交通方式

從福岡市內往太宰府、柳川方向時，可利用西日本鐵道（西鐵）的電車。往唐津可搭乘直通JR筑肥線的地下鐵機場線。往門司港則以搭乘JR鹿兒島本線最方便。

往太宰府・柳川可搭乘西鐵

從福岡市區欲前往太宰府、柳川可搭乘西日本鐵道（西鐵）的電車。連結福岡市中心天神的西鐵福岡（天神）站與大牟田站的天神大牟田線是主要交通工具。

往太宰府站可在西鐵二日市站轉乘西鐵太宰府線，從西鐵福岡站出發約26～28分、400日圓。上午另有行駛觀光列車「旅人」（→參照P139）等直達電車。往西鐵柳川站可從西鐵福岡站搭乘特急列車約48分、850日圓。

西鐵的折扣車票

太宰府散步套票　1000日圓
包含西鐵福岡・藥院站～太宰府站之間的來回車票，以及可在參道附近35家店舖使用的梅枝餅兌換券之套票。只要出示車票，在寶物殿等處可享門票折扣。有效期間2天。新年期間不能使用。

太宰府・柳川觀光套票　2930日圓
包含西鐵福岡・藥院站～太宰府站～西鐵柳川站之間的來回車票，以及由柳川觀光開發所行駛的柳川遊船船票之優惠套票。附觀光景點折扣優惠。有效期間2天。不可中途下車。

柳川特盛套票　西鐵福岡站出發5150日圓
包含西鐵主要車站～西鐵柳川站之間的來回車票，以及由柳川觀光開發行駛的柳川遊船船票等，有8家餐廳供挑選的鄉土料理餐券之優惠套票。另附柳川西鐵計程車50日圓折扣券及小禮物。有效期間2天。

前往門司港・唐津可搭乘JR電車

JR門司港站

欲前往位處門司港懷舊區域門戶的門司港站，可從博多站搭乘鹿兒島本線快速約1小時30分。欲到小倉站也可搭乘特急（約50分）或新幹線（約15分）。小倉站～門司港站之間搭乘JR約15分。

要到唐津時，福岡市當地下鐵機場線在姪濱站會轉為JR筑肥線繼續行駛（從博多站出發約1小時25分，1140日圓），且採通勤用固定。也可搭乘高速巴士，昭和巴士的「からつ号」從博多BT經由西鐵天神BC到唐津大手口約1小時30分、1030日圓、班距為20～30分。

洽詢

日本道路交通資訊中心	
九州地區・福岡資訊	☎050-3369-6640
九州地區高速道路資訊	☎050-3369-6771
福岡都市高速道路資訊	☎050-3369-6680
NEXCO西日本旅客中心	☎0120-924-863
車站租車（全國預約中心）	☎0800-888-4892

開車自駕的交通方式

九州的高速道路規劃完善，福岡與九州各地的縣政府所在地皆以高速道路相連結，非常便利。以福岡為起點，欲開車前往周邊觀光也很方便舒適。

從本州

▶到福岡市區

中國吹田IC ──中國道── 神戶JCT ──山陽道── 山口JCT
中國道→關門橋→九州道 ── 福岡IC
距離594km　高速道路通費12360日圓

從福岡市區

▶到柳川

博多 ──福岡都市高速環狀線→太宰府線── 太宰府IC ──九州道── みやま柳川IC
縣道775號→國道443號 ── 柳川
距離57km　高速道路收費1990日圓

▶到唐津

博多 ──福岡都市高速環狀線── 福重JCT
福岡前原道路→二丈濱玉道路→國道202號→國道204號 ── 唐津
距離55km　高速道路收費980日圓

▶到門司港

博多 ──福岡都市高速環狀線→香椎線→柏屋線── 福岡IC
九州道 ── 門司IC ──縣道25號── 門司港
距離82km　高速道路收費2600日圓

交通小提醒
從本州方向欲前往福岡市區，基本上是在九州道福岡IC切換到福岡都市高速4號柏屋線進入。如果是從九州內的熊本、長崎、大分等方向前往，則是在太宰府IC切入福岡都市高速2號太宰府線。不過福岡市區早晚都會塞車，而且Yahuoku!巨蛋和福岡塔一帶的港灣區到了週末也都人潮洶湧，所以建議還是盡量搭乘地下鐵與西鐵電車、JR線觀光。

好康情報

鐵路&租車套票（JR各公司）

只要透過電話或網路預約事先預約車站相關，然後到車站綠色窗口等處一起購買JR車票及租車券，就能享有JR車票8折、特急費用9折（不包含のぞみ、みずほ）優惠。但先決條件是JR線必須搭乘201km以上（單程來回皆可）、從出發站到取車車站為止需搭乘101km以上距離。此外，JR線在4／27～5／6、8／11～20、12／28～1／6期間不提供此優惠。

飛機&租車（ANA・SKY・SFJ）

只要在航空公司網站預訂機票以及與航空公司合作的租車，就可享有折扣優惠。和機票一樣越早預約折扣越多，還能累積里程數。詳情請上各航空公司官網確認。

・所記載的高速道路費用指的是使用ETC普通車的一般時期計費。如果付現則費用會有差異。詳情請參照NEXCO西日本官網。

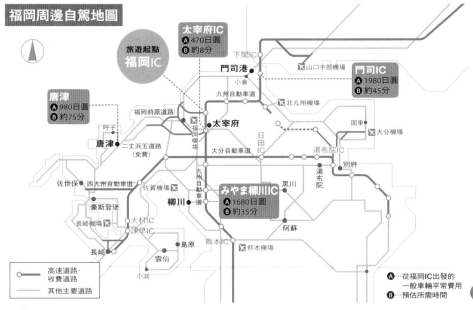

福岡周邊自駕地圖

旅遊起點
福岡IC

太宰府IC
Ⓐ 470日圓
Ⓑ 約8分

下關IC

門司港
小倉
🛫山口宇部機場

門司IC
Ⓐ 1980日圓
Ⓑ 約45分

九州自動車道
🛫北九州機場

唐津
Ⓐ 980日圓
Ⓑ 約75分

福岡前原道路

福岡機場
太宰府

呼子

唐津
二丈浜玉道路
（免費）

日田
IC

大分自動車道
湯布院IC

国東
🛫大分機場

別府

佐世保
西九州自動車道
佐賀機場🛫

みやま柳川IC
Ⓐ 1680日圓
Ⓑ 約35分

黑川

湯布院

豪斯登堡

長崎機場🛫
大村

諫早IC

柳川

九州自動車道

阿蘇

長崎

島原
熊本IC

🛫熊本機場

雲仙

小浜

🔵━ 高速道路・收費道路
┈┈┈ 其他主要道路

Ⓐ …從福岡IC出發的一般車輛平常費用
Ⓑ …預估所需時間

交通資訊 ● 福岡周邊的交通方式／自駕

➕ 交通小知識

JR九州的特急列車

JR九州的特急列車無論哪一種都很有特色，在鐵道迷之間人氣很高。「有明」「きらめき」以前曾使用過「つばめ」的787系列車，因此金屬灰車身為其特徵。其他還有白色車身的「かもめ」885系、外觀有如機器人車內也很有趣的「ソニック」883系、充滿度假氣氛的「ゆふいんの森」KIHA72系等。這些列車全聚集在博多站，令人看上一整天都不會膩。JR博多城（☞P44）的屋頂還有一處鐵道迷不能錯過的眺望景點。

九州新幹線

2011年3月全線開通的九州新幹線鹿兒島路線。與關西地區的直達列車班次逐漸增加中，已慢慢成為九州鐵道的中心。直達本州的列車車輛採用N700系、九州內列車則主要使用800系。無論哪款設計都非常人性化，讓人本來覺得乏味的新幹線之旅也顯得很悠哉舒適。在博多站也可見到從東京直駛過來的N700系以及JR西日本的500系、700系Rail Star車姿，與一般電車月台一樣都能看到種類多的各式車輛。

往太宰府可搭「旅人」

「旅人」是2014年3月登場的太宰府觀光列車。目標是讓旅客「一搭上列車就有如來到太宰府」之感，因此將特急列車改造成的，名稱來自曾派駐太宰府的萬葉歌人──大伴旅人之名。車廂外觀以淡粉紅色的麻葉模樣為底色，繪上各地觀光名勝圖案，每節車廂分別設定不同的日式風格開運主題，共有6種，乘客可挑選想要實現的主題車廂來搭乘。在車頭的展望座位還能看到司機員駕駛座前方的景色，3號車廂則設置了蓋章處，且展示一些太宰府觀光手冊與伴手禮。每天早上從西鐵福岡（天神）站9時46分出發直達太宰府，抵達後到傍晚為止改成在二日市～太宰府之間的來回列車使用。

九州鐵道紀念館（☞P124）

位在JR門司港站旁，2003年8月開幕。展示著與九州有關的電車以及九州鐵道相關資料，例如蒸氣機關車C59、9600型與581系電車等，也有可模擬駕駛北部九州地區的近郊型電車811系。門票大人300日圓。原則上每個月第2週三休館。
另發行結合鐵道紀念館門票與JR來回車票的折扣套票「九州鐵道紀念館票」。

火車便當

九州的火車便當不但使用大量當地食材且種類繁多，擁有許多愛好者。特別是九州每年都會舉辦「九州火車便當大賽」，以投票方式決定名次，對提升九州車站便當的整體素質有很大幫助。詳情請參閱JR九州網站。此外，博多站內也能買到九州各地具代表性的火車便當，可買來比較一下也很有趣。

BEETLE

由JR九州經營的國際船運航線。博多港到韓山約3小時、到馬島與釜山之間約1小時。所行駛的高速船外觀很特別，故命名為「BEETLE」，與韓國方面的未來高速「KOBEE」同時往來玄界灘。

遊逛福岡前的相關小知識

如果能事先瞭解一些福岡的當地色彩及博多腔等，
前往福岡旅遊一定會更有樂趣。

日劇外景地

有不少景點是電影和日劇的外景拍攝地。
到了附近可順便去看看。

海濱百道
2007年日本電視台的『料理新鮮人』在
海濱百道海濱公園取景、2008年松竹電
影『特命係長 只野仁 最後劇場版』也
是以百道中央公園為場景。
DATA →P97

小倉城
2010年NHK大河劇『龍馬傳』的第2次
長州戰事中，由高杉晉作率領的長州軍
所攻陷的小倉城。劇中所使用的場景，
便是現在已修復完成的小倉城天守閣。

門司港站
2005年富士電視台『海猿 UMIZARU
EVOLUTION』、2007年富士電視台特
別節目『赤腳的小元』、2011年TBS
『Runaway』等多部日劇都在此取景。
DATA →P124

秋月城遺址
1981年松竹電影『男人真命苦 寅次郎
紙風船』的外景拍攝地。電影中可看到
黑門與黑門茶屋、眼鏡橋、野鳥川沿岸
小路等秋月美麗又寂寥的景色。

和布刈公園
可眺望關門大橋與關
門海峽的公園。2008
年富士電視台特別節
目『來自無耳芳一的
信（淺見光彥系
列）』，以及2011年
TBS『Runaway』等的
外景地。
MAP 附錄P13C2

福岡的日本第一

從美食到各種設施，有許多被認定
是"日本第一"的頭銜。

屋台數量日本第一！
光福岡市區就有170間，全日本約有6成
的屋台都集中在這裡。

明太子生產·消費量日本第一！
福岡乃發源地所以不令人意外，全日本
70%以上都在此生產。

雞肉消費量日本第一！
反映出水炊鍋、筑前煮等飲食文化，每
一戶的年平均消費量是日本第一。

玉露產量日本第一！
八女市星野村的高級日本茶玉露，無論
是品質還是產量都是日本第一。

前往機場的便利性日本第一！
從福岡機場到博多站搭乘福岡地下鐵機
場線只需5分鐘，交通之便捷日本第一。

開運景點

福岡自古以來便擁有特殊歷史及文化，因此到處都有開運、祈福的景點。

太宰府天滿宮
祭祀創建當初因畏懼既是雷神也是學問之神的菅原道真。主要為祈求金榜題名與消災除厄、防火災等。**DATA** →P116

香椎宮
與神功皇后有淵源的神社。神社內的不老水可祈求除病、長壽不老。**MAP** 附錄P2F2

筥崎宮
主要祈求勝利及除厄。有一個據說摸了就會帶來好運的靈石「湧出石」。**MAP** 附錄P2E2

志賀海神社
坐鎮在以"金印"廣為人知的志賀島。這裡是海神的總本社，據傳擁有可讓靈魂再生的力量。**MAP** 附錄P3B1

主要的博多腔

福岡各地有許多方言，其中最廣為人知的就是博多腔。最大特徵是語尾的變化。（ ）內是標準日語。

~かん（～ない）…好かん（好きでない 不喜歡）
~げな？（～だって？）…見たげな？（見たんだって? 看到了？）
~と？(~の?)…食べたと？（食べたの? 吃完了？）
~とー（~てる）…好いとー（好いてる 喜歡）
~ばい、~たい（～だよ）…砂糖ばい、砂糖たい（砂糖だよ 是砂糖喔）

どげん（どう）…どげんなっとーとや（どうなっているのか 怎麼了）
ばり~（とても~）…ばり甘（とても甘い 好甜）
なんば（なにを~）…なんばしよっと？（なにをしているの? 在做什麼？）

福岡出身的主要藝人

光是藝人和漫畫家，福岡出身的人數就多到令人驚訝。除此之外還有很多不及備載。

蒼井　優（春日）…偶像藝人・演員・模特兒。出生於春日市，之後到福岡市。

井上陽水（飯塚）…創作歌手。出生於飯塚市目尾，在田川市糸田町長大。

甲斐祥弘（福岡）…搖滾歌手。出生於福岡市南區大橋。

黑木　瞳（黑木）…寶塚歌劇團月組出身的女演員。出生於八女郡黑木町（現為八女市）。

早乙女太一（太宰府）…演員・藝人。別名「媚眼王子」。出生於太宰府市。

武田鐵矢（福岡）…歌手・演員・藝人・作詞家。出生於福岡市博多區麥野。

塔摩利（福岡）…藝人・主持人。出生於福岡市南區。

妻夫木聰（柳川）…演員。出生於山門郡三橋町（現為柳川市），一直住到小學畢業為止。

德永英明（柳川）…創作歌手・演員。出生於柳川市。

荻尾望都（大牟田）…漫畫家。出生於大

牟田市，隨即遷居至荒尾市。

濱崎步（福岡）…歌手・作詞家。出生於福岡市早良區飯倉，一直待到國中畢業為止。

松田聖子（久留米）…創作歌手。出生於久留米市荒木町。

松本零士（北九州）…漫畫家。雖在久留米市出生，但對外公開的出生地是北九州市小倉北區。

INDEX 索引

 觀光景點 遊樂景點 餐廳、餐飲店 咖啡廳、喫茶 居酒屋、BAR 伴手禮店、商店 住宿設施 純泡湯

叩叩日本
cocomiru ココミル

福岡
柳川 門司港懷舊區

【 叩叩日本系列 8 】
福岡
柳川 門司港懷舊區

作者／JTB Publishing, Inc.
翻譯／尤淑心
校對／汪欣慈
編輯／潘涵語
發行人／周元白
出版者／人人出版股份有限公司
電話／（02）2918-3366（代表號）
傳真／（02）2914-0000
網址／http://www.jjp.com.tw
地址／23145 新北市新店區寶橋路235巷6弄6號7樓
郵政劃撥帳號／16402311 人人出版股份有限公司
製版印刷／長城製版印刷股份有限公司
電話／（02）2918-3366（代表號）
經銷商／聯合發行股份有限公司
電話／（02）2917-8022
第一版第一刷／2016年1月
定價／新台幣320元

日本版原書名／ココミル福岡 柳川 門司港レトロ
日本版發行人／秋田　守
Cocomiru Series
Title: FUKUOKA．YANAGAWA．MOJIKO © 2015 JTB Publishing, Inc.
All Rights Reserved
First published in Japan in 2015 by JTB Publishing, Inc. Tokyo
Chinese translation rights arranged with JTB Publishing Inc.
through CREEK & RIVER Co., Ltd. Tokyo
Chinese translation copyrights © 2015 by Jen Jen Publshing Co., Ltd.

國家圖書館出版品預行編目(CIP)資料

福岡．柳川．門司港懷舊區 / JTB
Publishing, Inc.作 ；尤淑心翻譯.
-- 第一版. -- 新北市：人人，2016.01
面； 公分. --（叩叩日本系列 ；8）
ISBN 978-986-461-035-8（平裝）
1.旅遊 2.日本九州

731.7809　　　　　　　104027721

WHH

本書中的各項費用，原則上都是取材時確認過，包含消費稅在內的金額。但是，各種費用
還是有可能變動，使用本書時請多加注意。

◎本書中的內容為2014年9月底的資訊。發行後在費用、營業時間、公休日、菜單等營業內容上
可能有所變動，或是因臨時歇業等而有無法利用的狀況。此外，包含各種資訊在內的刊載內容，
雖然已經極力追求資訊的正確性，但仍建議在出發前以電話等方式做確認、預約。此外，因本書
刊載內容而造成的損害賠償責任等，敝公司無法提供保證，請在確認此點之後再行購買。
◎本書刊載的商品僅為舉例，有售完及變動的可能，還請見諒。
◎本書刊載的入園費用等為成人的費用。
◎公休日省略新年期間、盂蘭盆節、黃金週的標示。
◎本書刊載的利用時間若無特別標記，原則上為開店（館）～閉店（館）。停止點菜及入店
（館）時間，通常為閉店（館）時刻的30分～1小時前，還請多留意。
◎本書刊載關於交通標示上的所需時間僅提供參考，請多留意。
◎本書刊載的住宿費用，原則上單人房、雙人房是1房的客房費用；而1泊2食、1泊附早餐、純
住宿，則標示2人1房時1人份的費用。標示是以採訪時的消費稅率為準，包含各種稅金、服務費
在內的費用。費用可能隨季節、人數而有所變動，請多留意。
◎本書刊載的溫泉泉質、效能為源泉具備的性質，並非個別浴池的功效；是依照各設施提供的資
訊製作而成。
◎この地図の作成に当たっては、国土地理院長の承認を得て、同院発行の50万分の1地方図、2万5千分の1地
形図、電子地形図25000、数値地図50mメッシュ(標高)を使用しています。(承認番号　平26情使、第244−
427号／承認番号　平26情使、第242−300号)

●版權所有・翻印必究●
※本書內頁紙張採敦榮紙業進口日本77g嵩柔紙

打造一趟
美好旅行！

Find us on
人人出版・人人的伴旅

人人出版好本事
提供旅遊小常識＆最新出版訊息
回答問卷還有送小贈品

部落格網址：http://www.jjp.com.tw/jenjenblog/